YUWEN SIWEI XUNLIAN
YU JIAOXUE CHUANGXIN SHEJI

语文思维训练与教学创新设计

杨祥明◎著

云南出版集团
云南人民出版社

图书在版编目（CIP）数据

语文思维训练与教学创新设计 / 杨祥明著 . –– 昆明：
云南人民出版社 , 2019.11

ISBN 978–7–222–18211–0

Ⅰ . ①语… Ⅱ . ①杨… Ⅲ . ①中学语文课—教学研究
Ⅳ . ① G633.302

中国版本图书馆 CIP 数据核字 (2019) 第 234922 号

责任编辑：赵　红
装帧设计：余仲勋
责任校对：任　娜
责任印制：代隆参

语文思维训练与教学创新设计
杨祥明　著

出　　版　云南出版集团　云南人民出版社
发　　行　云南人民出版社
社　　址　昆明市环城西路 609 号
邮　　编　650034
网　　址　www.ynpph.com.cn
E–mail　ynrms@sina.com
开　　本　720mm × 1010mm　1/16
印　　张　19.5
字　　数　200 千
版　　次　2019 年 11 月第 1 版第 1 次印刷
印　　刷　云南灵彩印务包装有限公司
书　　号　ISBN 978–7–222–18211–0
定　　价　48.00 元

云南人民出版社微信公众号

《语文思维训练与教学创新设计》是"新经验语文教学"的又一重要成果，是"新经验语文"的传承与发展。

　　著名语文教育家钱梦龙评价杨祥明倡导的"新经验语文"：

　　新经验语文是一种新的语文教学模式，体现了新思维、新语言、新课型，具有理论性、实践性和开拓性，是语文新课改的重要路径。它作为一种语文教学的深圳经验，发挥了较好的示范引领作用。

新经验语文是一种新的语文教学
模式，体现了新思维、新语言、新课
型，具有理论性、实践性、开拓性，
是语文教学改革的重要路径。它作
为一种语文教学的深圳经验，发挥
较好的示范和引领作用。

钱梦龙
二〇一九、六

钱梦龙老师还为"新经验语文"题了词：新思维、新语言、新课型。

著名特级教师李镇西评价"新经验语文"：

"新经验语文"是新课改以来全国语文界诞生的教学改革范例，为广大语文教师提供了有效的实践经验和教学创新路径。

《语文思维训练与教学创新设计》序

魏书生

这是一节"新经验语文"的公开课。

深圳市第三高级中学初二（6）班教室里，静悄悄的，静得连一根针掉到地上都能听得见，静得连学生的心跳都听得见。学生们都静静地坐在座位上，他们脸上还充满稚气，但奇怪的是，学生都闭着眼睛，却心无旁骛，他们在静心凝神地聆听老师的声音，杨祥明老师正在声情并茂地朗读一篇课文——朱自清的《背影》。当老师充满感情地读完课文后，学生们却突然睁开了眼睛，开始了热情洋溢的分享，或者讲述故事的梗概，或者抒发对重要片段的感慨，或者交流内心的感动之情，课堂气氛热烈，学生情绪高涨……

原来，这是杨老师语文"听读教学"的一个环节，他让学生听读课文，训练思维的整体性，培养学生整体感知文本的能力。真是令人耳目一新，大开眼界！这就是语文教学创新的魅力所在。其实，"听读教学"只是杨祥明老师"新经验语文教学"的一种课型，还有诸如"听写教学""美读教学"等 12 种新课型，体现了杨老师语文教学的探索和创新精神，彰显了语文教学多样化的精彩和活力。

杨老师是"新经验语文"的倡导者，他提出了语文教学的"三三理论"，包括思维的"三重性"（整体性、同步性和连续性），语言的"三层论"（形美、神美和魂美），探索建构了新的实践模式（12 种创新课型）。这一成果获得了 2019 年广东省基础教育教学成果奖一等奖，代表深圳市参加第五届中国教育创新成果公益博览会（深圳仅 5 项）。可见，"新经验语文"已经得到了较好的推广，具有很强的实践应用价值。正如著名特级教师钱梦龙先生所说："'新经验语文'是一种新的语文教学模式，体现了新思维、新语言、新课型，具有理论性、实践性和开拓性，是语文新课改的重要路径。它作为一种语文教学的深圳经验，发挥了较好的示范引领作用。"著名特级教师李镇西在《新经验语文教学》序文中写道："新经验语文教学是新课改以来全国语文界诞生的教学改革范例，为广大语文教师提供了有效的实践经验和教学创新路径。"

感谢杨祥明老师对我的信任，让我为他的《语文思维训练与教学创新设计》作序。我就凭我个人的理解，谈几点看法，希望能对大家阅读这本书有一些帮助。

读者看到的这本书——《语文思维训练与教学创新设计》是杨老师"新经验语文教学"的传承和发展，是基于语文思维训练的一种教学创新课型设计思路，为广大语文教师开展学生思维训练提供了创新路径和有效实践经验，值得学习和借鉴。

本书最为突出的理论价值在于，它提出语文教学的"新思维理论"，即思维的四重性，在"三三理论"的基础上，增加了思维的独特性，强调语文教学要重视培养学生的创造性思维能力，包括发散思维和批判思维，丰富了他的语文思维理论，形成语文思维训练的独特理论体系，成为落实语文核心素养理念关于思维训练的重要理论支撑。语文核心素养包括四个方面：语言的建构与运用，思维的发展与提升，审美的鉴赏与创造，文化的传承与理解。其中，语言和思维是语文教学的重要内涵，犹如鸟之两翼、车之两轮。只有抓住了思维和语言，学生的语文能力才能得到有效的训练和发展，才能更好地培养学生的创造性思维，落实语文新课改的理念，引导学生个性化解读文本，有创意地表达自己对生活的理解和认识，从而提高语文教学质量和学生的语文综合素养。

突破语文传统解读的桎梏，赋予语文教学新的活力，是本书另一个突出特点。语文教学改革几十年来，特别是新课改推进十几年来，阅读教学出现了模式化、单一化的倾向，形成了固化的"三部曲"，整体感知—问题探究—语言品味，但是实际操作效果并不理想，整体感知流于形式，探究问题不得要领，语言品味单一肤浅，新课改倡导的"自主、合作、探究"的学习方式，在语文课堂已经形式化：学生分小组围坐一起就是"合作"，上台展示就是"自主探究"，但往往效果不佳。问题的关键在于学生思维能力较差，又缺乏相应的思维训练的教学策略和经验。杨祥明老师探索建构的创新阅读教学课型，为语文教师开展思维训练和教学创新提供了可资借鉴的范本。

值得年轻教师学习的最重要的一点，是杨老师教学研究的系统性和科学性。他的思维训练与教学创新体现了从理论到实践的系统性。没有理论指导的实践创新是盲目的，缺乏科学依据，是没有发展和前途的。光有空洞理论，不深入实践，不踏踏实实在教学中探索和运用，建构行之有效的实践模式，只能是纸上谈兵，毫无用处。杨老师基于"新思维理论"，探索了四种阅读教学创新课型，即"听读教学""速读教学""猜读教学"和"思辨阅读教学"，把理论和实践结合起来，这是教师成长的重要策略。书中呈现了丰富的教学设计案例，操作性、实用性很强，也彰显了杨老师教学研究的实践品格，是教学的结晶、鲜活的经验。在《社戏》《背影》《愚公移山》《曹刿论战》等课例设计中，不拘泥于传统教学思路，大胆解读，独辟蹊径，观点新颖，不落俗套，推陈出新，激活了学生思维，绽放了学生思想的火花，彰显了探索创新的无穷魅力。

我为杨老师的这种教学研究态度和价值取向喝彩！为他的探索创新精神点赞！

得知这些成果都是杨老师率领他的教育科研专家工作室团队历经近7年的研究探索取得的，我很想给年轻的语文教师一个建议：时下盛行的各种名师工作室、专家工作室，都是教师成长的平台，更是教学研究探索创新的孵化场和展示舞台。年轻教师要融入这些平台，在名师的引领和指导下，迅速成长和发展。杨老师和他的名师团队，将"新经验语文"推向了全国，得到中央电视台、《语言文字报》、《中学语文教学》杂志和《深圳特区报》、《深圳晚报》等众多媒体的关注报道。杨老师应邀到全国各地讲学，推广"新经验语文教学"模式，在全国语文界产生了较为广泛的影响。

《语文思维训练与教学创新设计》的出版，将大大丰富杨老师的"新经验语文"的内涵，促进语文思维训练和阅读教学创新，为全国语文界提供阅读教学范例和全新经验。

在国家支持深圳创建中国特色社会主义先行示范区的背景下，杨老师的语文思维训练和教学实践探索，就是语文教学的深圳经验，为全国的语文教学起到先行示范引领作用。探索无止境，语文教学改革永远在路上。我坚信，杨老师语文教学创新一定会结出更加丰硕的果实,成为全国语文新课改的引领者。

是为序。

(魏书生:当代著名教育改革家,全国著名特级教师,全国劳动模范,全国中青年有突出贡献专家,首届"中国十大杰出青年"之一等。)

目　录

第一章　语文核心素养与新思维　/1

第一节　语文核心素养概述　/3

第二节　语文思维训练界说　/6

第二章　新思维理论的内涵及特点　/13

第一节　思维的整体性　/16

第二节　思维的同步性　/18

第三节　思维的连续性　/20

第四节　思维的独特性　/21

第三章　新思维与语文教学创新　/33

第一节　整体思维与听读教学法　/35

【教学设计示例一】

《背影》听读教学设计（全文）　/39

【听读教学设计示例二】

《狼》听读教学设计（全文）　/46

第二节　同步思维与速读教学法　/52

【教学设计示例一】

变色龙 /65

【教学设计示例二】

社戏（全文） /77

第三节 连贯思维与猜读教学创新 /96

【教学设计示例一】

鲁提辖拳打镇关西 /103

【教学设计示例二】

孔乙己 /114

第四节 创造思维与思辨阅读教学 /116

一、批判思维与思辨阅读教学设计 /118

【教学设计示例一】

《社戏》思辨阅读教学设计（局部情节阅读教学）

/121

【教学设计示例二】

《愚公移山》思辨阅读教学设计（全文整体阅读）

/129

二、发散思维与思辨阅读教学设计 /144

【教学设计示例一】

《社戏》思辨阅读教学设计（局部） /146

【教学设计示例二】

《曹刿论战》思辨阅读教学设计（全文） /152

【思辨阅读教学设计示例三】

　　《邹忌讽齐王纳谏》思辨阅读教学设计（全文）/166

【思辨阅读教学设计示例四】

　　《河中石兽》思辨阅读教学设计（全文）　/174

【思辨阅读教学设计示例五】

　　《杞人忧天》思辨阅读教学设计（全文）　/182

附录　/191

　　《基于核心素养的语文思维训练研究》开题报告　/193

　　语文思维训练与教学创新设计

　　　　——初中语文课堂阅读教学例谈　/218

　　基于思维训练的作文教学策略　/232

　　语文教学新经验建构的价值考量和基本策略　/244

　　关于作文教学经验重构的思考　/260

　　新思维·新语言·新课型

　　　　——新经验语文教学模式探索　/275

　　诗化阅读教学　滋养语文人生

　　　　——初中语文诗化阅读教学例谈　/282

参考文献　/294

第一章

语文核心素养与新思维

语文新课改要走向深入，语文核心素养的要求需要落实，这些都是摆在语文教师面前的重要课题。毋庸置疑，重视语文思维训练已经成为当前语文教学课改的共识。但是如何开展思维训练，怎样建构思维训练的思路与策略，实践模式如何建立等问题，有待深入探索与创新实践。

本章就从语文核心素养与思维的关系出发，探讨思维理论建构和思维训练路径创新的问题。

第一节　语文核心素养概述

要弄清"语文核心素养"，有必要先厘清对"核心素养"的认识。

什么是"核心素养"？经过专家学者的研究与辨析，核心素养较为通行的定义是：指学生在接受相应学段教育的过程中，逐渐形成的适应个人终身发展和社会发展需要的必备品格与关键能力，它是学生关于知识、技能、情感、态度、价值观等方面的综合体；它指向过程，关注学生在其培养过程中的体悟，而非结果导向；同时，核心素养兼具稳定性与开放性、发展性，是一个伴随终身可持续发展、与时俱进的动态化发展过程，是个体能够适应未来社会、促进终身学习、实现个体全面发展的基本保障。

核心素养不仅能够促进个体的发展，同时也有助于形成良好的社会氛围。核心素养旨在促进学生全面和持续发展，其评价方法则指向：知识技能、过程与方法、情感态度价值观等三个维度。

语文核心素养是学科核心素养，它是核心素养下位概念，是培养和发展学生语文素养的重要目标任务。

何谓"语文核心素养"？关于语文学科核心素养表述最为权威的是最新版《高中语文课程标准》（简称"新课标"）中的表述，它对语文学科核心素养的表述为：语言的建构与运用、思维的发展与提升、审美的鉴赏与创造、文化的理解与传承。并且在阐述语文学科课程目标时，对语文核心素养进行了进一步的细化，语言的建构与运用细化为：语言的建构与积累、语言的交流与沟通、语言的梳理与整合；思维的发展与提升细化为：发展形象思维、发展逻辑思维、提升思维品质；审美的鉴赏与创造细化为：增进对祖国语文的美感体验、鉴赏美的文学作品、美的表达与创造；文化的理解与传承细化为：传承中华文化、理解多样文化、关注参与当代文化。

虽然初中语文并没有明确提出"核心素养"，但是，把中学看成一个大的学段，可以参照高中语文核心素养的要求来开展初中语文教学，具体目标任务略微降低即可。

根据语文核心素养的要求，语文教学的目标应该围绕语言、思维、审美和文化这四个维度来设置，语文教学当然也应该凸显以上四个方面的内涵。具体应该体现以下目标原则。

一是应该把语言、思维、审美和文化这四者有机统一起来，融为一体，贯彻在语文教学的全过程之中，四者不可割裂，不可偏废，应该统筹设计。

二是要树立系统建构与具体训练相结合的思想理念。语言、思维、审美和文化虽然是一个整体，都要整体设计，但是每个要素都自成体系，在具体教学设计中必须构建各自相对独立的训练体系，实现由低到高、由浅入深的系统训练。以思维训练为例，首先要有思维训练的系统设计，体现循序渐进的规律，又要设计好具体思维层级训练点的具有实践性、可操作的策略与模式，才能从点到面形成思维训练的系统，从而切实提高思维训练的效果。

三是要有可操作性。核心素养的提升，必须从具体的训练着手，例如，思维训练到底训练哪些思维，怎样通过阅读和写作教学来训练，一定要有可操作性，才能把思维训练落到实处。具体来说，要研究怎样开展形象思维、逻辑思维和思维品质的训练与提升，进而研究思辨训练、批判思维等方面的升华训练。

四是要有强烈的语文情怀。语文作为母语，它担负着传承祖国悠久历史文化、人文智慧、科技文明等丰富内涵的载体，也面临着各种外来文化的影响甚至冲击，需要语文教师在传承文化和审美教育方面更具情怀与担当，把"立德树人"作为语文教学的第一要务来引领语文教学工作，不能偏离文化育人、以文化人的方向。

第二节　语文思维训练界说

语文学科核心素养已经明确指出，语言、思维、审美和文化成为语文新课改和落实核心素养的四大重要核心任务。

语文新课标对初、高中写作教学的要求，都包含了思维训练的内容，要求"培养学生正确的思想观念、科学的思维方式……"，"尤其要注重激发学生的好奇心、求知欲，发展学生的思维……"；"通过写作实践发展形象思维和逻辑思维、分析和综合等基本的思维能力，发展创造性思维"。（《语文新课程标准》）

在阅读训练上，新课程标准同样强调思维训练的重要性，对阅读教学中的思维训练也提出了具体的目标和任务要求，"对课文的内容和表达，有自己的心得，能提出自己的看法和疑问"，"发展独立阅读能力……对阅读材料能做出自己的分析、判断，努力从不同角度和层面进行阐发、

评价和质疑；注重个性化阅读……获得独特感受、体验和理解……学习探究性阅读和创造性阅读……"（《语文新课程标准》）

显然，思维成为语文教学的重要目标指向之一，并且提到了十分重要的位置。可见，新课标和核心素养对思维能力培养的重视，思维的品质和能力成为语文四大必备品格和关键能力之一，理应成为语文教学的重要目标任务。

一、什么是语文思维训练

所谓语文思维训练，就是在开展语文教学活动过程中对学生进行的思维系统训练。具体来说，是在读、写、听、说四种语文能力训练的过程中，对学生的语文思维加强训练，以提高学生的语文综合能力和素质，进而达到提高其语文水平的目的。

本书重点探索在阅读教学和作文教学中不同思维特点的系统训练，基于语文阅读和写作活动中学生的思维规律和特点，进行分类有效训练，进而发展学生的语文思维能力，提升其思维品质。

二、语文思维训练的价值取向

思维是和语言相伴相生的，开展语文思维训练，就首先要认清思维和语言的关系以及思维在学生语文必备品格和关键能力中的地位。

叶圣陶先生说:"我们想问题时,必须依傍语言材料才能想,所以思维活动的过程同时就是语言形成的过程。"(《叶圣陶语文教育论集》下册,教育科学出版社1980年版)这说明思维训练离不开语言训练。

关于语文思维训练的重要性以及思维训练与语言训练的关系,著名教育家于漪老师有深刻的阐述。她认为,语文教学应以语言和思维训练为核心,"语文教学的核心是从实际出发,按照教学大纲的要求,对学生进行语言训练,教师在进行语言训练的同时,必须大力发展学生的思维能力"。

于老师说:"思维训练和语言训练要放在同等重要的位置。思维是对外界事物间接的概括的反映,思维是借助语言来实现的。语言是思维的工具,没有语言的思维是不存在的;思维是原因的内容,没有思维就不可能有语言。学生要学好语文,提高语文能力,取得综合效应,思维方面应进行扎扎实实的训练。如果忽略这一点,学生不进行思维训练,读,就有口无心;看,就浮光掠影;说,就不得要领;写,就内容干瘪,词不达意学习困难的学生,在思维方面往往有很大的弱点,比如提问题,他们不是不想提,而是提不出问题,发现不了问题。不会思考大大阻碍了他们学习的步伐。……在教学过程中,教师要根据教学目的要求善于选择恰当的钥匙,不断拧紧学生思维的'发条',

使它转动起来，不断开启学生思维的门扉，引导学生发挥聪明才智。"

可见，语言训练和思维训练要结合起来，在训练思维能力的同时，培养学生的语言表达能力，这是语文思维训练的重要价值之一。因此，语言和思维成为语文核心素养最重要也是最基础的内容。同时，培养思维能力、语言能力，也是为培养审美能力和文化理解传承能力起到保障和基础作用。可以说，加强语文思维训练，培养学生思维能力，提升其思维品质，是发展学生关键能力，培养学生必备品格，提升学生语文综合素养的重要前提，更是落实新课程理念和语文核心素养要求的根本任务。

三、语文思维训练内容和思路

要知道语文思维训练的内容是什么，在核心素养背景下的语文思维训练应该怎样开展，首先要弄清楚语文核心素养对思维训练的具体内涵和要求。

语文核心素养对思维训练提出了三个层次的具体目标，包括形象思维、逻辑思维和思维品质提升。要想训练形象思维和逻辑思维，提升思维品质，就必须进行系统设计，要在形象思维和逻辑思维的基础上，进一步培养学生独特的个性化的思维能力，如发散思维、求异思维、批判思维等思维能力，要引导学生学会对生活、文本阅读等有自己独特的理解和判断，能够做出个性化的解读和认知。这也正是语文新课程理念对思维训练的要求。

要想循序渐进地训练学生的想象思维、逻辑思维和思维品质，就要根据语文教学的目标、任务来思考，把语文阅读教学、作文教学等主体教学活动中思维呈现的规律性和核心素养指向四种基本能力结合起来，探索思维训练的路径，建构思维训练的系统策略，明确思维训练的类型。

四、语文思维与教学创新的关系

笔者认为，语文思维训练的重点应该是提升思维品质，特别是训练学生思维的独特性、创造性，即创造性语文思维能力的培养。

新课标在阅读和作文教学方面都强调训练思维的个性化和独创性。"对课文的内容和表达，有自己的心得，能提出自己的看法和疑问"，"发展独立阅读能力……对阅读材料能做出自己的分析、判断，努力从不同角度和层面进行阐发、评价和质疑；注重个性化阅读……获得独特感受、体验和理解……学习探究性阅读和创造性阅读……"

显然，语文新课程理念强调学生"独立阅读、个性化阅读、有创意地表达自己独特的理解和感悟"能力的培养。这就要求对学生加强创造性思维训练，具体通过训练发散思维、求异思维和批判思维等方法，达到提升学生思维品质的目的。

进行创造性思维培养，要从两方面着手。一是按照语文思维的特点和规律性，进行有序的训练（具体路径在下一章阐述）；二是建构创造性思维内在训练系统，包括发散思维、求异思维和批判思维等，培养学生的思辨能力。

要深化思维训练，就必须开展语文教学创新，主要是教材处理创新、教学过程创新、教学活动创新、教学评价创新等，逐步形成新的语文教学生态，把新课程理念和核心素养的要求真正落到实处。

以思维训练为目的，构建语文阅读和作文教学创新设计的思路和策略，是本书研究和探索的重点及主要任务。

杨祥明个人照

全国学术会议讲座后合影（青海）

第二章

新思维理论的内涵及特点

　　语文新课标和核心素养的要求都强调语文教学中的思维训练要体现个性化和独特性，不能人云亦云、鹦鹉学舌，实际上就是要加强多种思维方式的综合训练，主要是逻辑思维，而逻辑思维的重点是创造性思维，要通过发散思维、求异思维、批判思维等的训练，培养学生在读写实践中的思辨能力，引导学生通过各种途径和方法，多角度地理解语文学习的内容，创造性地解读文本，拓展解决问题的思路，有创意和个性化地表达自己对生活和社会的认识及感悟。这正是思维品质提升的过程。

　　发展学生的思维能力，特别是发展学生的逻辑思维能力，进而提升到创造性思维等更高层次的思辨能力的训练和培养，需要建构与之相适应的思维训练体系。为此，"新经验语文教学"（笔者专著《新经验语文教学》）提出了全新的语文思维理论，简称"新思维理论"。

　　"新思维理论"为落实语文核心素养的要求，特别是对训练和提升学生语文思维能力提供了有效的路径和思路，是一种创造性的语文教学理论和实践策略，经过多年实践应用，已经在全国范围内被广泛认可和推广。

　　"新思维理论"研究的思维并非心理学意义上的概念，而是语文教学中的名词，体现的是语文教学过程中的思维属性。根据语文阅读和作文教学的特点，结合语文新课程理念和语文核心素养的要求，笔者认为，在语文教学过程

中，思维呈现出整体性、同步性、连续性、独特性四个
特点。

第一节　思维的整体性

思维的整体性体现在文本的整体性上，文本是作者思
维的语言呈现，文本的整体性就反映了思维的完整性和统
一性特征，从宏观和整体上思考问题，体现事物内在发展
规律的逻辑性。

根据思维整体性原理，一篇文章就是一个整体，怎么
开头结尾，如何安排详略主次，如何过渡衔接，都有内在
的规律和文体特点。叙事文故事情节有开端、发展、高潮
和结局；论述文阐述的道理具有严密的逻辑性，或多个层
面并行，或逐层深入，层层推进；说明的事物由表及里，
由现象到本质，由原因到结果，或有时间先后，或有空间
位移。这些都具有事物或道理本身的规律性和逻辑性，都
需要整体把握、宏观设计，这就是作者思维的整体性特点。

这种写作思维的特征就决定了阅读思维也必须具有整
体性。叶圣陶先生说："教师备课要在作者的思路上。"同
样，学生阅读理解也要让思维进入到作者的思路上去，和
作者的思想同行，或者碰撞，产生火花，引起共鸣。在此

基础上，进行适当的整体感知方法训练，如文体特点、写作思路、语言技巧、结构艺术等，再让学生整体感知课文，就会水到渠成、事半功倍了。

叶圣陶先生认为："就文章本身而言，了解文章里作者思想发展的途径最为切要。……了解了这个，你才跟作者合得拢在一块儿，你才有接受它，信从它，欣赏它，感受它，辨正它，批评它的资格。"他在《语文教学二十韵》中说："作者思有路，遵路识斯真。"这是对思维整体性的最好诠释。

从写作的角度看，一篇文章怎么开头、结尾，怎么选材、剪裁，材料中包含什么情感和思想，如何安排详略、主次，如何过渡衔接，事先都要进行构思，或者叫作打腹稿，打腹稿的过程其实就是整体构思的过程。没有事先的整体思考，匆忙下笔，要么就写不下去，要么就顾此失彼，以致思想和情感的表达支离破碎，难以成篇。这是写作中思维整体性规律的反映。

语文新课标要求阅读教学具有整体意识，人教版《语文教学用书》对文本的处理有一个共同特点，首先引导学生整体感悟课文，就是遵循写作思维整体性的标志。因为作家写的文章是一个严谨的整体，先要有了整体感悟，才能理解作者真正的意图，也才能更好地解读文本局部和词句的内涵。叶圣陶先生强调"备课要备到作者的思路上去"

就是这个道理。可是，现实的教学情况如何呢？比较普遍的现象是，由于学生缺乏整体性思维，或者预习不够充分，往往在阅读教学中很被动，整体感悟除了极个别思维能力较强的孩子零星的配合之外，教学几乎成了教师的一言堂，学生根本没有进入到作者的思路上去，这个环节令许多中学语文教师感到很难落实、很头痛。对学生进行整体思维训练，就显得尤为必要。

根据思维整体性原理，语文教学应该构建思维训练的系统教学经验。在阅读教学中开展听读教学，从写作的角度解读文本；在作文教学中开展听写训练。寓思维整体性训练于听读听写训练之中，不失为思维整体训练的重要经验之一。

基于思维整体性训练的听读教学、听写教学等教学形式，就是语文教学创新设计的重要类型，具体可以开展讲故事训练、说作文（口头作文）、提炼故事梗概、梳理说话要点等语文教学创新活动。

第二节　思维的同步性

所谓同步性，是指思维和语言文字、思维和思维两种关系。它包括两种同步，一是思维和语言文字的同步，二是读者思维和作者思维的同步。

一是思维和语言文字的同步。

思维与语言（内部语言或者口头语言）同步，但是思维却不与书面语言（文字）同步。这种思维特征与学生的写作训练关系密切，因为，学生作文不是用口语，更不是用心里话，而是要诉诸笔端。要在语文教学中帮助学生实现思维与书面语言的同步。

为了论述清楚起见，这里引用一段关于语言文字与思维的关系的论述："人的思维活动与语言同步，却不与文字同步。如果仔细观察和体验就会发现，思维与语言、文字之间在写作中具有如下关系：思维在活动时，离不开语言（可发出声也可不发出声的语言），但是可以离开文字。语言在活动时，思维紧紧伴随（大脑处于休眠状态下的语言例外），但文字活动时，思维可以不活动。这主要是文字的书写需要时间，因而思维不得不产生停顿。这颇有点像飞机与汽车若想同时到达目的地，飞机不得不先停降一样，因此，可以说，语言能够轻而易举地记录下人的完整的思维活动，但文字记录思维的过程却十分艰难。"

上述论述与叶圣陶先生多次强调的观点不谋而合："我们想问题时，必须依傍语言材料才能想，所以思维活动的过程同时就是语言形成的过程。"可见，促进学生阅读和写作能力提升，必须要加强思维同步性训练。

二是读者思维与作者思维的同步。

叶圣陶先生说："教师备课要在作者的思路上。"同样，阅读文本也应该读到作者的思路上去，与作者的思维同步，融合，共鸣，碰撞，产生火花，才能理解文本的深意和情感，把握作者的时代与环境，形成阅读的整体印象，从整体上把握局部细节、词句的妙处，才能把握阅读的精髓。

正如叶老所说，看整篇课文，要看明白作者的思路。思想是有一条路的，一句一句，一段一段，都是有路的，这条路，好文章的作者是决不乱走的。看一篇文章，要看它是怎样开头的，是怎样写下去的，跟着它走，并且要理解它为什么这样走。这些就叫基本功。练，就是练这个功夫。这其实就是读者思维与作者思维合一的问题。

第三节　思维的连续性

思维的另一个重要特征就是连续性。我们常常讲，写文章要一气呵成、一挥而就，就是思维连续性的体现。每篇优秀的文章都是一个整体，体现出不同文体思维的连贯和严谨。叙事性文章的故事情节完整，由线索一以贯之，思路清晰；说理的文章逻辑性强，提出问题，分析问题，解决问题，论证过程丝丝入扣，层层推进；说明文介绍事物根据其特点，遵循事物或事理的内在规律，采用不同顺序，组织材料，结构全文，或有空间位移，或有主次轻重。这种按照事物（或事理）本身的逻辑性依次展开、环环相扣的行文思路，就是思维的连续性的具体表现。

这种读写思维的连续性，表现在同一篇文章里，包括全篇思维、局部思维、段落思维等思维的连贯和顺畅；表现在不同文体的读写中，包括叙事思路、说明思路、说理思路以及文学作品情节的构思等思维的连续性。为此，语文教学要着眼文本思维连续性训练，关键是多种读写思路练习。

叶圣陶先生说："要把作者的思路摸清楚，先要看一句跟一句怎样联系，再来看段，一段跟一段怎样联系，一段一段清楚了，全篇文章也就清楚了。"要引导学生运用分析的功夫，通过用心地分析、比较、演绎、归纳、涵泳、体味，去辨别作者思想发展的途径。这实际上就是要遵循作者思维的连续性去理解课文。

第四节　思维的独特性

思维是个体心理活动的特质，带有鲜明的个体特点和主观创见，每个人在认识事物的过程中，都会有自己独特的思维轨迹和方式，进而形成与众不同的认知、理解和判断，这就是思维的独特性。所谓"仁者见仁，智者见智"就是这个道理。

在文本阅读中，每个人对文本的解读，对文本反映的社会生活的理解和判断都会千差万别，不可能完全一致。同样，要表达对生活和事物的理解、情感和观点，也会各不相同。这还只是单纯从读和写来说。再则，由于个体人生经历和思想认识的差异，对阅读的理解和对生活认识的表达，就更是带有鲜明的主观色彩，甚至迥然不同或截然相反了。

这就是语文思维的独特性。

语文新课程理念和核心素养都强调思维训练的重要性，特别强调思维的品质，所谓品质，就是与众不同，具有创造性和个性化的思维品质。要求师生在阅读和写作教学中，有创意的解读和表达，通过发散思维（求异思维）和批判思维的训练，培养学生思维的独特性和个性化，进而培养学生创造性思维能力。语文思维的独特性要求语文教学不能强调标准答案，要各抒己见、精彩纷呈，而不是人云亦云、千篇一律，要读出自己的理解和感悟，写出自己的独特感受和思考。

概言之，思维独特性是指思维展开的路径不同寻常，思维获得的结果标新立异，有独到之处，是新颖的、有创造性的。语文教学要敢于标新立异，善于别出心裁。

　　具体来说，语文思维的独特性可以从两个方面去理解。

　　一是文本。虽然课文都是经典篇章，但也都是作者的主观认知的产物，它们所反映的思想内涵具有时代的共同特征，但一定也反映了作者的主观认知，深深打上了作者思想的烙印。这就是作者思维和文本所表现的思想感情的独特性。

　　二是读者。主要指教师和学生都是具有独特思维特质的个体。在解读文本的过程中，必然带上自己思维特点和生活阅历、人生经验的烙印。于是他们获得的理解和感受是有差别的。这是读者思维的独特性的表现。

　　南宋朱熹提出："前辈固不敢妄议，然论其行事之是非何害？固不可凿空立论，然读书要有疑，有所见，则不容不立论。"（朱熹《朱子读书法》）强调要敢于评论，敢于标新立异、提出新见。他又对学生说："学者不可只管守以前所见，须除了，方见新意。"（朱熹《朱子读书法》）明代教育家王守仁也提出了类似主张，重视培养学生思维的独创性，他说："夫学，贵得之于心，求之于心而非也，虽其言之出于孔子，不敢以为是也，而况其未及孔子者乎！求之于心而是也，虽其言之出于庸常，不敢以为非也。而况其出于孔子乎？"（《王文成公全书》卷二《传习录》）他明确指出，任何人在思考和学习中，都不要盲从据守，对于古代典籍、圣人之论，也要有自己的是非观，要深入独立思考，敢于发表自己独特新颖的见解，以提高自己的思维独创性和批判思维能力。

关于语文思维的独特性，从以下案例中可见一斑。

语文老师作文课上讲了这样一个故事：古代一位先生教学生画画，他引用了韦应物的诗歌《滁州西涧》："独怜幽草涧边生，上有黄鹂深树鸣。春潮带雨晚来急，野渡无人舟自横。"于是用诗中的最后一句，随手出了一个题目，大家均绞尽脑汁独立思考，布局构思，过了一会儿，学生纷纷完成了画作，老师评讲，多数人画得平平庸庸，没有什么特色，只有一个人不仅画出了冷清的渡口和浮在水面上的空船，还别出心裁地在船头停了一只小鸟。

老师给了这位学生极高的评价，认为他描绘出独特的意象：春潮、雨、野渡、横舟，一只小鸟正好暗示了无人，诗人通过这些意象，创设出一种孤寂、闲适的意境。

同样的故事还有为诗句"踏花归来马蹄香"作画，平庸者画了踏青归来的骑马者，马身上沾上花瓣，而一位学生则在马蹄的四周画了几只紧追不舍的蜜蜂。创新思维的独特性在这里得到了充分的体现。

类似的语文思维独创性训练，在语文教学中比比皆是，此处不再赘述。语文思维的独特性，细分起来，包括发散思维（或求异思维）和批判思维。根据思维的独特性，语文教学要循序渐进，依次训练学生的发散思维（或求异思维）和批判思维，进而培养学生的思辨能力和创新能力。思维的独特性，也就是创新性。培养思维独创性，也就是培养学生的创造性思维能力。

训练发散思维（求异思维）和批判思维是彰显思维独特性的需要，对于深化新课改具有非常积极的作用。下面分别加以阐述。

先说发散思维。何谓发散思维，指为达到某一确定的目的而展开联想，以求得某一问题各种可能和最佳答案的思维，又叫求异思维。这是一种开放性的思维方法，这种思维的特点是，思维中信息朝着各种可能的方向发散，并引出更多的新信息。思考者能从不同方面、不同角度去进行探索，不拘泥于一种途径，不局限于既定的规范，在分析与比较中，寻求合乎目的的最佳解答。

发散思维又可以分为三种。

第一种是正向思维。即面对所研究的问题，尽量从不同方面、不同角度进行探索，提出多种设想、多种答案，以扩大选择余地。其特点是：思路宽、辐射广，善于多方求索，不拘一格。所谓"条条道路通罗马"就是这个意思。

同一命题作文，可以从不同角度去展开。读了《滥竽充数》这个故事，谈感想，写体会，人们大多都从南郭先生写起，讲他不学无术、不懂装懂，最后落得个逃之夭夭的可悲下场，然后联系个人实际，要努力学习，有真才实学。但可以从齐宣王这个角度去分析，他给了南郭先生生存的条件，他官僚主义，搞"大锅饭"，如果不去除齐宣王的这些不良作风，不改革政治，那么，跑了南郭先生，还会出现东郭先生、西郭先生、北郭先生，再联系社会现实，指出问题的关键在于上层的统治者和管理者，在于环境，环境滋生腐败，产生庸官、懒官。还可以从齐湣王的角度去谈，齐湣王不因循守旧，大胆改革，打破"大锅饭"，有利于发现人才，清除懒汉。这样，文章就能独辟蹊径、推陈出新。发散思维，有利于突破疑难、柳暗花明，探求最佳解决方案。

第二种是侧向思维。它是指在特定条件下，通过旁敲侧"画"、"曲径通幽"的方式独辟蹊径，将思维流向由此及彼，从侧面扩展，从新的角度探索被人们忽视的解决问题的方法。或者从别的领域寻求启发、寻找方法，解决所研究领域的问题。对一个问题随着研究思路转移到别人不易想到、比较隐蔽的方向去，以求突破现有的论证和观点，提出不同凡俗的新观念，获得新的结果，产生新的创造。

也有人叫它横向思维。因为世界万物是彼此联系的，从别的领域或事物寻求解决思路，可以突破本领域常有的"思维定势"，打破"专业障碍"。

历史上有这样的现象，一些人在自己的领域内未见有什么大的进展，而在别的行业却成绩斐然。例如，美国画家莫尔斯发明了电报，美国自行车修理工莱特兄弟发明了飞机，学医的鲁迅、郭沫若却成为文学、史学领域的"大家"。

可见，侧向思维的特点是：思路活泼多变，善于联想推导，随机应变。

宋徽宗时的一次科举考试，主考官出了一个画题——《深山藏古寺》，画师们经过构思，有的在山腰间画一座古寺，有的把古寺画在丛林深处。寺呢？有的画得完整，有的画出寺的一角或寺的一段残垣断壁……主考官连看几幅均不满意，原因是这些画均体现了半藏而不是全藏，与画题无法吻合。正当主考官失望之时，却有一幅画深深地吸引了他：在崇山之中，一股清泉飞流直下，跳珠溅玉，泉边有个老态龙钟的和尚，正一瓢一瓢地舀着水倒进桶里。仅这么一个挑水的老和尚，就把"深山藏古寺"表现得含蓄深邃、淋漓尽致。和尚挑水，不是浇菜煮饭，就是洗衣浆衫，令人想到附近一定有寺；和尚年纪老迈，还得自己挑水，可见寺之破败，因此寺一定藏在深山之中，画面尽管看不到寺，观者却深知寺是全藏在深山之中。主考官连连点头，称："好，这才是'魁选'之作呀！"这位画师的高明之处就在于他运用了旁敲侧"画"、"曲径通幽"的侧向思维，选择用和尚挑水的新颖角度来表现主题。

作文中运用侧向思维，可以使学生"离开常走的大道，潜入森林"，见人所未见，发人所未发，收到独辟蹊径的效果，达到"柳暗花明又一村"的境界。

比如命题作文《可爱的家乡》。很多学生思维僵化单一，有很多套作，都写家乡的山美、水美、人美，写家乡的土特产，写家乡的……虽然写这些东西未尝不可，但千篇一律，未免让人腻味，缺乏新意。其中一个学生妙用侧向思维，写家乡人民毁掉神庙建文化楼，反映家乡在精神文明方面的变化，体现了时代风貌，别开生面，出奇制胜。

第三种是反向思维，又叫逆向思维。即从事物的反面去思考问题，对已有的理论、见解、主张等进行怀疑否定。其特点是：思路不落俗套，善于标新立异，独辟蹊径。面对一个问题，人们往往容易受那些传统观念、流行看法的束缚，人云亦云。在语文文本阅读和作文教学中，若能运用逆向思维，独辟蹊径，标新立异，换个角度看问题，就会给人以茅塞顿开、耳目一新之感。

如一写到"黄昏"，人们笔下往往是伤感、忧愁："已是黄昏独自愁，更著风和雨。"（陆游《卜算子·咏梅》）"梧桐更兼细雨，到黄昏，点点滴滴，这次第，怎一个愁字了得！"（李清照《声声慢》）"夕阳无限好，只是近黄昏。"（李商隐《登乐游原》）而茅盾的《黄昏》一文，却跳出了前人见夕阳伤感，临黄昏忧愁的窠臼，他笔下的"黄昏"，充满了自豪，充满了激情："我已经尽了今天的历史使命，我已经走完了今天的路程。却也是我的新生期快开始了！

明天，从海的那一头，我将威武地升起来，给你们光明，给你们温暖，给你们快乐！"

再如以"小草"为题写作文，大多数同学的立意都是"赞美小草"。赞美小草"野火烧不尽，春风吹又生"的顽强的生命力，赞美小草"给予人的甚多，要求人的甚少"的奉献精神，赞美"小草虽小，但不气馁，敢与大树争地盘、水分、阳光"的勇气。但有少数同学就从反面思考，立意"贬斥小草"，小草"不分场合，满山遍野，根连根，茎连茎，争吸庄稼的养料，束缚庄稼、树苗的成长"，从而联想到社会上阻碍新生事物成长的落后、顽固势力，阻碍社会发展的反动势力，进而鼓励改革者们"铲除小草，大胆创新"。这种反其道而行之的逆向思维，常常能够因为立意新颖而令人耳目一新，出奇制胜，这正是新课程理念所强调要"个性化、有创意的表达"的体现。

总之，发散思维是创造性思维的关键，它可以使思维的触角达到"意料之外，情理之中"的境地。语文教学中的发散思维，有助于解决阅读和作文教学中的问题，是教学创新的源泉。（关于发散思维的论述，部分摘自冯丽虹《浅谈发散思维》，载于《陕西财经大学学报》2002 年第 2 期，有删改）

再说批判思维。

所谓批判思维，就是我们在思维过程中，通过反思、分析问题来做出决定并解决问题。这种思维被定义成一种"理性的评判"，那就是：一种基于逻辑和事实证据的评价方式。批判性思维是一种有目的的思维，其目的是深入调查问题，并且非常注重取得解决问题的对策。

批判思维具有鲜明的特征，那就是理性和反思性。批判思维和创新思维一样，都是为了探索和发展新思想、新观点，完善已有思想和观点。所不同的是，批判思维寻求最好的替代策略，创新思维重在探索更多可供选择的策略。从本质上说，批判思维通过质疑、反思，实现探索创新，寻求最佳解决问题的方案。因此，批判思维产生创新，培养创新型人才。

批判思维训练是培养学生反思、质疑和创新能力的重要思维方式，也是体现思维独特性的重要标志。开展批判思维训练，旨在培养学生创新解决问题的方式和能力，从而达到有创意地、个性化地阅读和表达的目的。运用批判思维可以有效地开展语文思维训练和教学设计的创新，是推进新课改的重要路径之一，值得引起重视。

基于发散思维和批判思维的思维独特性训练，或者说创新思维训练就是引导学生寻找更新、更好、更多的解决问题的办法，在语文教学实践中是大有可为的。

训练一：片段作文：用简短的文字描绘你所见到的彩虹，事后进行评讲，看看谁的描写有独特之处。

训练二：分析司马光砸缸的独特性。司马光砸缸的故事广为流传，这个故事好不好？当然好，他救出了掉入水缸的小朋友。司马光的砸缸救人法有什么独特之处？要求同学讨论并说出各自的答案，看看谁的答案最具独特性。一般的落水救人，人们采用的办法都是怎么样让人离开水，而砸缸却是让水离开人，这种救人的思维很有独特性。

诸如此类的思维独特性训练，在语文教学中可以大量使用，以增强学生的创新思维能力，引导学生在文本解读和作文表达上更具个性化、更有创新，而且新意频出、精彩纷呈。

为云南教师讲课后合影

与钱梦龙老师在一起

第三章

新思维与语文教学创新

新思维理论提出了语文思维的四重特性，即整体性、同步性、连续性和独特性。根据语文思维的这四重特性，开展语文教学，就必然要大胆创新，设计出基于思维训练的阅读教学和作文教学的新思路，构建新策略、新经验，以利深化语文新课程改革，促进学生语文核心素养的提升，为语文教学注入创新活力，开创新的局面。

本章将从七个方面阐述新思维训练与语文教学创新策略和模式的构建。包括整体思维与听读教学、速读教学与同步思维、猜读教学与连贯思维、听写作文与整体思维、口头作文与同步思维、续写训练与连贯思维以及思辨读写与创造思维等内容。

第一节　整体思维与听读教学法

语文思维的整体性原理，就是尊重文本自身的整体性特点和不同文体内在的规律及逻辑性，并据以设计语文阅读教学中的整体阅读、整体感知等环节的教学思路和策略，建构相关的语文创新教学经验，为深入推进语文新课程改革提供可资借鉴的有效路径与方法。

语文新课改实施近 20 年来，注重整体阅读和对文本的整体感知，已经成为语文课堂教学的重要方法与模式，这种阅读教学策略是符合学生认知规律和身心发展特点的，具有较强的科学性与前瞻性。中学语文课程已经基本形成了"整体感知—问题探究—语言品味"的"三部曲"，也基本得到了专家和广大一线语文教师的认可。在教学实践中，整体感知和整体阅读的训练方法也有一些较好的经验。如讲述故事、概括文章故事梗概或主要内容、复述文本内容等，但这些方法都比较传统，而且由于缺乏系统的方法指导和训练，在教学实践中，教师运用起来还是收效不大，对学生阅读兴趣的激励作用并不明显。

为此，笔者经过多年的语文教学研究和实践探索，创造性地建构了"听读教学法"。

所谓"听读教学法"，就是以学生听读为主，在此基础上，结合听读文本的整体特点，运用系统知识构建的方法，快速把握文本的整体内容与思维脉络，进而完成相关阅读理解任务。当然，伴随听读，还会运用到联想和想象，从宏观上初步理解文章的思想和情感，感受作者的思维特点。

这种阅读教学法的优点在于提升学生阅读过程的专注度，排除具体语言文字对阅读思维的干扰，让学生的思想很快捷地进入作者的思路，实现学生思维与作者思维的会面，产生情感的共鸣和思想的碰撞，就能较好地引导学生领悟文本的思维路径和思想、情感，从而收到较好的阅读效果。接下来，要理解作者的表达技巧应该不是一件难事了。

"听读教学法"主要包括全文本整体听读和局部内容的听读两种形式，重点在于以这种新颖的教学方法和操作模式，来突破阅读教学中整体感环节的瓶颈。因此，下面重点探讨全文本整体"听读教学法"的实践策略。

一、"听读教学法"操作模式

第一环节：梳理知识系统

根据不同文本的题材特点，梳理各自的知识体系，建构听读的整体思维导图。如小说（记叙类文本）的知识体系，就是抓住三个要素，即人物、情节、环境，以情节作为听读主线，以人物和环境作为听读副线，按照情节的四个阶段，即开端、发展、高潮和结局，把人物的主要活动（或事件）与所处的环节特点串联起来，形成对文本的整体粗略印象。

当然，具体操作可以两条思维线索合一，也可以分别听读。先听读情节脉络，整体复述故事或概括故事梗概；再听读人物和环境，从人物的主要活动和各种描写（如外貌、语言、动作、神态、心理活动）以及环境特点整体感受人物的思想性格、情感和故事主题等。

第二环节：听读教学流程

第一步：学生听读，思维导图构建。

教师范读（或者播放录音），学生凝神听读，不看书，闭目静听，用心感受，让思维紧跟作者思路，并且展开联想和想象，结合文体知识特点，整体把握文本思维脉络和思想内容，感受文中的情感。

第二步：整体感知，复述思路。

听完后，师生共同梳理文章思路脉络，复述故事情节，概括中心思想，理顺思维线索和层次结构，在听说中强化整体思维。

第三步：依据问题，重点听读。

根据学生听读所得到的感受和初步印象，确定很有感触的精彩语段，作为局部重点听读内容，进行深度听读和感知，完成有关问题的初步理解。

至此，属于文本整体感知的教学任务就基本完成了。这就是整体感知环节的"听读教学模式"。在具体教学操作中，还可以开展局部听读或重点内容听读教学，具体的操作步骤可以这样安排：

第一遍：听读语段。引导学生感受思维的完整性和整体情感。

第二遍：听读语言。感受遣词造句、表情达意的特点，训练学生从思维到情感，深度理解和体会语言的特点以及情感的力量。如从语气、语调、重音、节奏中感受词汇、句式、修辞的作用，进而体会思想感情与语言文字融合的魅力，达到深度感知体会的目的。

当然，听读不能代替朗读、精读、品读等深层次阅读教学，只有综合运用多种阅读方法，才能由整体到局部、由浅入深地进行深度学习和解读。

二、听读教学创新示例

【教学设计示例一】

八年级朱自清著名散文《背影》。

《背影》听读教学设计（全文）

原文：

我与父亲不相见已二年余了，我最不能忘记的是他的背影。

那年冬天，祖母死了，父亲的差使也交卸了，正是祸不单行的日子。我从北京到徐州，打算跟着父亲奔丧回家。到徐州见着父亲，看见满院狼藉的东西，又想起祖母，不禁簌簌地流下眼泪。父亲说："事已如此，不必难过，好在天无绝人之路！"

回家变卖典质，父亲还了亏空；又借钱办了丧事。这些日子，家中光景很是惨淡，一半为了丧事，一半为了父亲赋闲。丧事完毕，父亲要到南京谋事，我也要回北京念书，我们便同行。

到南京时，有友人约去游逛，勾留了一日；第二日上午便须渡江到浦口，下午上车北去。父亲因为事忙，本已说定不送我，叫旅馆里一个熟识的茶房陪我同去。他再三嘱咐茶房，甚是仔细。但他终于不放心，怕茶房不妥帖；颇踌躇了一会。其实我那年已二十岁，北京已来往过两三次，是没有什么要紧的了。他踌躇了一会，终于决定还是自己送我去。我两三劝他不必去；他只说，"不要紧，他们去不好！"

我们过了江，进了车站。我买票，他忙着照看行李。行李太多了，得向脚夫行些小费才可过去。他便又忙着和他们讲价钱。我那时真是聪明过分，总觉他说话不大漂亮，非自己插嘴不可，但他终于讲定了价钱；就送我上车。他给我拣定了靠车门的一张椅子；我将他给我做的紫毛大衣铺好座位。他嘱我路上小心，夜里警醒些，不要受凉。又嘱托茶房好好照应我。我心里暗笑他的迂；他们只认得钱，托他们只是白托！而且我这样大年纪的人，难道还不能料理自己么？唉，我现在想想，那时真是太聪明了！

我说道，"爸爸，你走吧。"他望车外看了看说："我买几个橘子去。你就在此地，不要走动。"我看那边月台的栅栏外有几个卖东西的等着顾客。走到那边月台，须穿过铁轨，须跳下去又爬上去。父亲是一个胖子，走过去自然要费事些。我本来要去的，他不肯，只好让他去。我看见他戴着黑布小帽，穿着黑布大马褂，深青布棉袍，蹒跚地走到铁轨边，慢慢探身下去，尚不大难。可是他穿过铁轨，要爬上那边月台，就不容易了。他用两手攀着上面，两脚再向上缩；他肥胖的身子向左微倾，显出努力的样子。这时我看见他的背影，我的泪很快地流下来了。我赶紧拭干了泪。怕他看见，也怕别人看见。我再向外看时，他已抱了朱红的橘子往回走了。过铁轨时，他先将橘子散放在地上，自己慢慢爬下，再抱起橘子走。到这边时，我赶紧去搀他。他和我走到车上，将橘子一股脑儿放在我的皮大衣上。于是扑扑衣上的泥土，心里很轻松似的。过一会说："我走了，到那边来信！"我望着他走出去。他走了几步，回过头看见我，说："进去吧，里边没人。"等他的背影混入来来往往的人里，再找不着了，我便进来坐下，我的眼泪又来了。

近几年来，父亲和我都是东奔西走，家中光景是一日不如一日。他少年出外谋生，独力支持，做了许多大事。哪知老境却如此颓唐！他触目伤怀，自然情不能自已。情郁于中，自然要发之于外；家庭琐屑便往往触他之怒。他待我渐渐不同往日。但最近两年的不见，他终于忘却我的不好，只是惦记着我，惦记着我的儿子。我北来后，他写了一信给我，信中说道："我身体平安，惟膀子疼痛厉害，举箸提笔，诸多不便，大约大去之期不远矣。"我读到此处，在晶莹的泪光中，又看见那肥胖的、青布棉袍黑布马褂的背影。唉！我不知何时再能与他相见！

第一环节：梳理散文知识，建构思维导图

《背影》是一篇脍炙人口、感人至深的散文名篇。它呈现出以小见大、平中见奇的经典叙事散文，彰显了散文的鲜明特色。因此，在听读教学设计上，先要梳理建构散文阅读和整体感知的思维导图。

叙事散文在阅读思维建构中，要紧扣线索，理清思路，把握主要人物、事件、场景以及情感，由宏观到微观，整体把握叙事散文的思维导图框架：

围绕一条主线索（人、事、物等）—写了什么主要人物（一个或多个）—叙述了哪几件重要事件—表现了一种什么情感（谁和谁、谁对什么之间的情感）—最能感受到这种情感的场景（或细节）是哪些—触动人心的语句、词语、修辞是哪些（动词、形容词、叠词等或修辞手法）。

也可以将此思维导图画成简图：

画一条主线，在主线的上边依次写出主要人物和事件，下边依次写上情感、细节和语言、技巧等。

第二环节：实施听读教学，整体感知文本

第一步：教师范读，学生听读。

也可以播放《背影》朗读录音，引导学生一边听读，一边按照散文思维导图规律，在脑海中建构《背影》的思维导图，整体上初步把握课文的线索、主要内容和情感。引导学生在心中想象出一条主线，即背影；主线上边是人物事件，下边是表现的情感和细节、语言等。

第二步：整体把握，构建导图。

《背影》听读思维导图

回忆父亲-------丧母、失业、要送-------望父买橘、望父背影

主线：背影------点背影（1）------引背影（2—4）----------绘背影、别背影（5—6）

思父之情-------父亲艰难、送子之情-------爱子深情　感激不舍

-------------------读信思父

-------------------忆背影（7）

-------------------思念父亲

第三步：复述内容，梳理思路。

引导学生根据所听到的内容，迅速整理全文思维脉络，复述故事情节。

在学生广泛复述概括的基础上，引导学生按照思维导图完成全文缩略稿。

背影（缩略稿）

分别两年，我最思念父亲的背影。

那时，父亲刚刚失去祖母，本来就很悲痛，而且祸不单行，他又失业了，生活就更加艰难了。我那时已经二十

多岁，一个人去北京读书没有任何问题。但父亲坚持要亲自送我上火车。

为了让我在火车上不挨饿，父亲不顾年老体弱，拖着肥胖的身体艰难地过铁道、爬栅栏，他那艰难的一举一动和背影，让我看了忍不住心酸落泪。当我看到父亲别我而去的背影，我又潸然泪下。

多年后，读到父亲的来信，想到他身体不佳，以及他关爱我而又艰难的背影，我的眼泪又充满了眼眶。

写或者说文本听读后的缩略稿（粗略稿）是整体把握文本大意的重要辅助手段，行之有效，值得借鉴。

第四步：带着问题，定向听读。

要求学生在大致把握故事内容的基础上，从下列角度深入真题感知：

1. 全文的主线索是什么？

背影。

2. 复述故事内容梗概。

（略）

3. 主要写了哪几个人和哪几件事？

两个人：父亲和我。

主要事件：一是父亲丧母、失业赋闲；二是望父买橘、父子别离；三是别后来信、思念父亲。

4. 你认为作者想表达什么思想感情？

父亲对儿子深切的爱和儿子对父亲的思念之情。简言之：父子情深。

5. 举例说明最能触动你的事情和细节、语言有哪些？

父亲为了买几个小小的橘子，拖着肥胖老弱的身体艰难地过铁道、爬栅栏的情景和一系列朴实的动作（动词），都感人至深、催人泪下。

经过三个步骤的听读训练，学生并不难从整体上粗略把握文本内容，整体思维也得到了有效的训练，而且学生感到耳目一新，学习兴趣盎然，收效事半功倍。

为云南民族大学附中教师讲课

【听读教学设计示例二】

七年级经典文言文《狼》听读教学设计

《狼》听读教学设计（全文）

原文：

一屠②晚归，担中肉尽，止③有剩骨。途中两狼，缀行甚远④。

屠惧，投以骨⑤。一狼得骨止，一狼仍从⑥。复投之，后狼止而前狼又至。骨已尽矣。而两狼之并驱如故⑦。

屠大窘⑧，恐前后受其敌⑨。顾⑩野有麦场，场主积薪⑪其中，苫蔽成丘⑫。屠乃奔倚其下，弛⑬担持刀。狼不敢前，眈眈相向⑭。

①选自《聊斋志异》（上海古籍出版社1986年版）卷六。蒲松龄（1640—1715），字留仙，山东淄川（今属淄博）人，清代文学家。原文共有三则，这里选的是第二则。

②［屠］这里指屠户，即以宰杀牲畜为职业的生意人.

③［止］通"只"。

④［缀（zhuì）行甚远］紧跟着走了很远。缀，连接，这里是紧跟的意思。

⑤［投以骨］就是"以骨投之"。

⑥［从］跟从。

⑦［两狼之并驱如故］两只狼像原来一样一起追赶。并，一起。故，旧、原来。

⑧［窘（jiǒng）］困窘，处境危急。

⑨［敌］敌对，这里是胁迫、攻击的意思。

⑩［顾］回头看，这里指往旁边看。

⑪［积薪］堆积柴草。

⑫［苫（shàn）蔽成丘］覆盖成小山似的。苫蔽，覆盖、遮蔽。

⑬［弛（chí）］放松，这里指卸下。

⑭［眈眈（dān dān）相向］瞪眼朝着屠户。眈眈，注视的样子。

少时①，一狼径去②，其一犬坐于前③。久之④，目似瞑⑤，意暇甚⑥。屠暴⑦起，以刀劈狼首，又数刀毙⑧之。方欲行，转视积薪后，一狼洞其中⑨，意将隧⑩入以攻其后也。身已半入，止露尻⑪尾。屠自后断其股，亦毙之。乃悟前狼假寐⑫，盖⑬以诱敌。

狼亦黠⑭矣，而顷刻⑮两毙，禽兽之变诈几何哉⑯？止增笑耳⑰。

①［少（shǎo）时］一会儿。

②［径去］径直走开。

③［犬坐于前］像狗似的蹲坐在前面。

④［久之］过了一会儿。

⑤［瞑（míng）］闭眼。

⑥［意暇甚］神情很悠闲。意，这里指神情、态度。暇，空闲。

⑦［暴］突然。

⑧［毙］杀死。

⑨［洞其中］在其中打洞。洞，打洞。其，指柴草堆。

⑩［隧］指从柴草堆中打洞。

⑪［尻（kāo）］屁股。

⑫［假寐］假装睡觉。寐，睡觉。

⑬［盖］承接上文，表示原因是。这里有"原来是"的意思。

⑭［黠（xiá）］狡猾。

⑮［顷刻］一会儿。

⑯［禽兽之变诈几何哉］禽兽的欺骗手段能有多少啊！变诈，作假，欺骗。几何，多少，这里是能有几何的意思。

⑰［止增笑耳］只是增加笑料罢了。

译文：

一个屠夫傍晚回家，担子里面的肉已经卖完，只有剩下的骨头。路上遇见两只狼，紧跟着走了很远。屠夫害怕了，把骨头扔给狼。一只狼得到骨头停下了。另一只狼仍然跟着他。屠夫又把骨头扔给狼，后面得到骨头的狼停下了，可是前面得到骨头的狼又赶到了。骨头已经扔完了。但是两只狼像原来一样一起追赶屠夫。

屠夫非常困窘急迫，恐怕前后一起受到狼的攻击。屠夫看见田野里有一个打麦场，打麦场的主人把柴草堆积在打麦场里，覆盖成小山（似的）。屠夫于是跑过去靠在柴草堆的下面，放下担子拿起屠刀。两只狼不敢上前，瞪着眼睛朝着屠夫。

一会儿，一只狼径直走开了，另一只狼像狗似的蹲坐在屠夫的前面。时间长了，那只狼的眼睛好像闭上了，神情悠闲得很。屠夫突然跳起，用刀砍狼的脑袋，又连砍几刀把狼杀死。屠夫刚想要走，转身看见柴草堆的后面，另一只狼正在柴草堆里打洞，打算要钻洞进去，来攻击屠夫的后面。身子已经钻进去了一半，只露出屁股和尾巴。屠夫从狼的后面砍断了狼的大腿，也把狼杀死了。屠夫这才明白前面的那只狼假装睡觉，原来是用这种方式来诱惑敌方。

狼也太狡猾了，可是一会儿两只狼都被杀死了，禽兽的欺骗手段能有多少呢？只给人们增加笑料罢了。

【教学设计】

第一环节：梳理小说知识，建构思维导图

这是一篇经典的文言文小说。作者是清代的蒲松龄。它是一篇以叙事为主的文言短篇小说，体现了小说体裁的鲜明特色。设计本课的听读教学方案，先要梳理小说阅读的知识系统，建构整体阅读的思维导图。

小说的突出特点在于三个要素：人物、情节、环境。在整体感知环节，应该以情节发展的几个阶段为主线，以环境描写为辅线，以人物的表现为重点，建构小说听读和整体感知的思维导图框架。

可以据此画出小说阅读教学思维导图：

以情节发展的几个阶段为主线，主线上边是人物的主要活动或性格发展轨迹，主线下边是辅线"环境描写"，重点画出几个主要地点和环境特点。

第二环节：实施听读教学，整体感知文本

第一步：教师范读，学生听读。

也可以播放《狼》的朗读录音，引导学生凝神静听，结合小说的思维结构和规律，建构《狼》的听读思维导图，整体感知小说的情节发展阶段、人物的主要活动以及环境描写的特点，具体梳理小说的思维导图。

第二步：复述故事，梳理思维。

《狼》的故事梗概：

一个屠户，在卖肉回家的路上，遇到两只狼，屠户很害怕，就把骨头扔给狼吃。骨头吃完了，狼还是跟着屠户，想吃人，屠户意识到必须斗争。狼很狡猾，前后夹攻。屠户抓住机会，奋勇杀狼。

《狼》一文围绕故事情节展开（屠户卖肉归来惊心动魄的经历）：故事的开端（遇到了什么样的狼）—故事的发展（屠户和狼展开了怎样的周旋）—故事的高潮（屠户识破了狼的凶恶本性，和狼进行紧张激烈的相持、搏斗）—故事的结局（屠户战胜了恶狼，狼得到应有的下场）。在故事情节发展的主线中，环境描写的辅线有哪些场景（如途中、麦场），写了什么人物（屠户和狼）和事件（屠户与狼斗智斗勇的过程），在这一过程中，最能表现屠户和狼特点的细节有哪些（屠户从最初的害怕恐惧到觉醒，意识到狼贪婪凶残的本性，最后奋起杀狼，而狼则是从最初吃骨头的贪得无厌到麦场想吃人的狡诈和凶恶表现，最后落得被杀的可耻下场），人物身上给人印象最深的动作或其他描写有哪些（如屠户一系列的动词，以及表现狼的狡猾的词）等。

将以上内容建构整体感知，《狼》一文的听读教学思维导图如下：

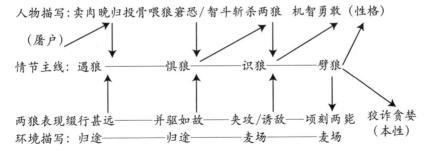

人物描写：卖肉晚归投骨喂狼窘恐 / 智斗斩杀两狼　机智勇敢（性格）

（屠户）

情节主线：遇狼————惧狼————识狼————劈狼

两狼表现缀行甚远————并驱如故————夹攻/诱敌————顷刻两毙　狡诈贪婪（本性）

环境描写：归途————归途————麦场————麦场

第三步：依据问题，整体感知

1. 小说情节大致阶段怎样？

遇狼（开端）——惧狼（发展）——识狼（发展）——劈狼（结局）

2. 主要人物活动及性格特征怎样？

屠户：开始很害怕，不停地把骨头扔给狼，后来意识到狼的贪婪和凶恶，奋起劈杀了两条狼，表现出机智勇敢。

狼：先是接力吃骨头，继而想吃人，欲对屠户前后夹攻，但被屠户识破，并被屠户斩杀，表现出狡诈贪婪的本性。

3. 哪些细节或场景印象最深刻？

屠户与狼相持、斗智斗勇，最后勇敢杀狼的场景，包括动作、神态描写等。

至此，《狼》一文的整体感知部分的听读教学任务就顺利完成了。当然，还可以安排其他局部听读教学的环节，来展开文本的深度学习解读，如语段、细节等，就不一一阐述了。

第二节　同步思维与速读教学法

张志公先生说："快速阅读的能力包含着快速理解和快速记忆的能力。快，容许略，不容许粗，更不容许错。快速阅读的能力不是一个孤立的能力，理解、记忆、速度三个方面构成阅读能力的整体。"这是快速阅读本身的规律。但是本书探讨的是通过快速阅读教学创新设计，来训练思维的同步性，使语文同步思维训练与教学创新相得益彰。因此，速读教学创新必须遵循思维的同步性规律，据此设计阅读教学的思路和结构，力图促进学生思维能力和阅读理解能力的双提升。

所谓同步思维，指的是阅读过程中，学生的思维与语言同步，学生（即读者）的思维与文本作者的思维也实现同步。由于这两种同步都是阅读过程中的思维特性，所以把它称为同步思维。开展速读教学创新，旨在加强这种同步思维训练，进而促进学生思维能力和阅读理解能力的培养及发展。

下面分别阐述同步思维与速读教学的内涵和特点。

先说同步思维，也就是思维的同步性。它包括两个方面的含义：

一是思维与语言的同步。在阅读和写作过程中，人的思维与口头语言（即心理语言）是同步的，却不与书面语言（即文字）同步，主要原因是在思维活动的过程中，用书面语言记录思维活动是需要时间的，因此，要同步记录思维内容就比较困难，而口头语言就能轻而易举地传达思维活动的内容。这种思维活动和语言表达，只有实现同步，才能更好地理解文本内容和表达自己的思想感情。可见，思维与口语同步，却不与书面语言同步。

二是读者思维与作者思维的同步。叶圣陶先生说："教师备课要在作者的思路上。"同样，阅读文本也应该读到作者的思路上去，与作者的思维同步，融合，共鸣，碰撞，产生火花，才能领会文本的深意和情感，把握作者的时代与环境，形成阅读的整体印象，从整体上把握局部细节、词句的妙处，才能把握阅读的精髓。

再说快速阅读教学（简称"速读教学"）。

速读教学的最大特点就在于它能够排除语言文字（即书面语言）对阅读思维的干扰，让学生（读者）的思维更快捷地进入到作者的思路上去，与作者的思维实现同步。在具体阅读过程中，学生的阅读思维行进速度较快，语言文字被一带而过，就是我们常说的浏览、扫视，甚至一目十行，读者只专注于字里行间的思维活动，如故事、思想、情感等的发展轨迹和逻辑进程。读完后，读者对语言文字并无太多的具体印象，但文本的大略思想、情感、道理等却留在了读者（学生）的记忆里。

这种有效的快速阅读在语文阅读教学课堂整体感知环节和长篇文章甚至整本书的阅读教学中，都具有非常重要的意义。因此，开展快速阅读教学的创新设计，一方面有助于优化课堂阅读教学的流程，提高整体感知环节的效率，另一方面，实现了思维与语言、思维与思维两种同步，既提高了阅读速度，又训练了学生的思维能力，使语文阅读教学达到一种新的境界。

具体来说，快速阅读特别有助于对篇幅较长的课文的整体感知，学生在阅读中的思维整体性和连续性更好，有利于对文本内容形成完整而连贯的印象。在此基础上，结合精读、研读、品读等活动，就能更好地进行深度解读，进而提升阅读教学的创新性和效果。

进行快速阅读的创新设计，需要遵循两个原则：一是基于同步思维的训练和效率，二是体现阅读速度和效果并重。简言之，就是要读得快速，读得有效。速读教学的内容，包括单篇课文和名著整本书速读教学两种情形，二者他们速读的基本策略和技巧是相通的。

中学语文教材中篇幅较长的课文也不少，在整体感知教学中，教师常常难以展开。由于训练方法的缺失或不够科学，学生只能囫囵吞枣，不能有效形成整体印象，回答整体感知问题或一片迷茫、不知所云，或东拉西扯、支离破碎，或挂一漏万、不得要领。在整体感知环节，教师只好草草收场，以"官宣"的形式发布"标准答案"。有时强行整体感知，却耗时费力，影响进度，这确实令人沮丧。这种整体感知的教学效果，当然事倍功半。

快速阅读教学设计，需要从读速训练和内容建构两个维度着手。内容建构训练包括心理训练、系统建构、分类指导、方法设计等方面。

一、"速读教学法"的基本模式

(一) 速读教学准备：训练心理，提高读速

开展速读教学之前，要组织心理训练，转变学生的阅读观念和思维方式，认识到实现思维与语言的同步、读者思维和作者思维的同步是培养阅读能力和思维能力的关键所在，才能更加深入地解读文本，把握文本内涵与表达艺术。

在操作上，引导学生从心理上认识到，语言文字只是作者思维发展和思想情感表达的载体，本身并不重要，阅读的主要目的是理解作者的思想和情感（当然，准确流畅的语言会反过来促进思想和情感的表达），作为思维训练的教学方法，快速阅读法就是先忽略语言文字的表达技巧问题，将思维专注在文本的思维发展轨迹和思想情感传达上来。

具体阅读时，要忽略语言形式，专注内容，让自己的心理和思维随着作者的思维轨迹推进，随着文本故事、情感、道理的行进逻辑而发展前进，学生（读者）完全沉入作者营造的情境之中，进入到作者的思路上去，与作者的思维融为一体，"我"就是作者，就是文中的人物。

要求学生使用扫视法，快速浏览，思维在字里行间快速穿行，每分钟阅读的字数越多越好，每分钟可以达到3000—5000字甚至更多。最多的每分钟可达20000字。

（二）速读教学选材：分类选文，速读定标

不是每篇文章都适合进行速读训练的。开展速读训练，要精选阅读文本，确定阅读目标，对于提高速读训练的实效很有意义。适用速读训练的文章应该具备以下特点：

一是篇幅较长。长篇小说节选，如《鲁提辖拳打镇关西》《智取生辰纲》《范进中举》；篇幅较长的叙述类文章，如《社戏》《从百草园到三味书屋》《故乡》《最后一课》等。

二是故事性较强。如《芦花荡》《藤野先生》《我的母亲》《我的叔叔于勒》等。

三是趣味性突出。如《皇帝的新装》《云南的歌会》《端午的鸭蛋》等。

四是通俗性鲜明。速读的关键是要快，语言文字的干扰要尽量减少，语言朴实、通俗的文本，有利于开展速读能力训练。如《事物的正确答案不止一个》等。

五是逻辑性较强。如说理的文章《最苦与最乐》《在马克思墓前的讲话》等。

在整本书速读训练选材中，也要遵循故事性、趣味性、逻辑性和语言通俗朴实等特点。

从不同文体出发，选取具有鲜明文体特点和适合学生思维发展阶段性特点的文本，确定速读教学训练的内容和目标，这是开展速读教学的关键。

（三）速读教学步骤：循序渐进，先面后点

第一步：分类建构，速读定标。

根据不同阅读教学文本的体裁特点，科学建构速读的内容体系与框架，确定速读目标类型与特点，在课堂整体感知教学环节中，进行分类速读，效果颇佳。

具体方法是根据文体特点，建构不同类型速读内容系统框架，便于选用相应的速读方式方法，分类指导和训练。在速读过程中，要求学生专注于不同类型文体的思想内涵。例如，叙事类作品的长篇小说节选或篇幅较长的叙述文章，就要专注于其故事情节、环境与人物；说理类文本，则要专注于文中的论点、论据以及推理的逻辑；介绍类文本，则要遵循介绍的顺序，如时间顺序、空间顺序和逻辑顺序等，重点把握事物的特征。

分类速读，指导性、科学性强，便于操作，可以举一反三，以点带面，触类旁通，实效性好。

第二步：任务驱动，定向速读。

在分类建立速读内容体系的基础上，为了更加有效地进行思维训练，使用"任务驱动、定向速读"的方法进行操作，列出速读的具体目标和任务，以问题的形式确定任务群，把任务群作为整体感知教学的内容。

根据速读任务群选择速读方式方法，结合任务的层次性，进行多层次速读，把教学过程立体化、梯度化，循序渐进，逐步推进、深化，最终有效地完成速读教学任务。

这种有针对性、有方向性、有重点的速读，目标明确，任务具体，便于总结速读规律，更有助于提高文本整体感知的效果，实现思维与语言同步训练的目的。

第三步：局部速读，突破重点。

在整体速读训练的基础上，为了深入阅读理解文本，可以选择局部语段进行定向、定点、定性、定法速读，以突破重点难点，探究重要问题，进行深度学习。

在具体操作上，选取在整体速读中发现的精彩语段进行段落速读训练。可以从段落的内容、感情和语言等方面进行速读，突破一两个重点或难点。

采用抓首括句和结尾句的方法，快速把握段落内容；采用抓关键词、过渡词的方法，快速理清段落的结构特点，主要关键词包括时间转换标志词、方位转换词、表明逻辑思路的序数词，如"首先""其次""最后""此外"等。掌握这些具体速读的技巧，对提高速读能力、加强思维同步性训练可以起到事半功倍的效果。

二、速读教学的方法指导

第一，默读为主，培养习惯。

速读的特点是速度快，眼里只有作者的思想情感，看不见借以承载的语言文字，如果采用有声朗读，既降低了阅读速度，又分散了思维的专注度，不可避免地受到语言文字的干扰。因此，速读的基本方法是以默读为主。

第二，掌握技巧，提高读速。

速读训练的关键在速度，除了要排除文字干扰，进入作者的思维外，阅读技巧也很重要。

具体的阅读技巧包括三个方面：

一是速读形式。要引导学生学会跳读、猎读和直读，减少回视，准确扫视，提高读速。

所谓跳读，就是要抓住作者思维的轨迹，对作者思维发展的节点准确把握，即思想情感表达的层次感，思维发展的规律性，如时间节点、空间方位节点、逻辑进程节点、情感起伏节点等，具体表现为时间词语、方位词语、逻辑起承转合词语、情感发展过渡词语等，特别是表达观点、具有概括意义的关键语段、过渡句、顺序词等，这是跳读的重要技巧。

所谓猎读。就是在快速阅读中，对阅读内容进行有选择性的阅读，但前提是掌握了文体写作的基本规律和思维发展的逻辑性，遵循作者思维发展轨迹的指向，对有关内容快速筛选，有选择性地重点阅读，其他内容扫视或一目十行即可。这种读法有助于快速抓住重点，形成整体思想，这也是整体感知的要求，否则，在阅读中容易舍本逐末，不得要领和关键，影响阅读速度和效果。

所谓直读，就是在阅读过程中，眼睛在文本上停留的时候，尽可能多地获得信息，眼睛投视区域有较大的余光区，顺着书面的中心线，上下垂直跳动，在文章里迅速抓住关键词。在直读过程中，眼睛大多集中在每一页的中心部位，这样便于看清该页的全貌。阅读的视线并不是垂直的，而是根据实际需要顺着某一行做相应的移动，从而可以较好地汲取有用的信息。

以上这些读法重点是加强课外阅读，可以选择文体、题材相同或近似的文本，引导学生进行快速阅读训练，以此扩大阅读视野，把握整体速读技巧，提高整体速读能力。

二是速读技巧。指导学生训练扫视法、搜索法、中心法、概括法、提问法等五种速读方法，提高速读综合能力。

扫视法。要读得快，就要眼睛看得快。我们要让学生养成以词句为单位的整体性阅读的习惯，学会合理扫视，纠正按字阅读、默读时动嘴、眼动没有规律等不良习惯，逐步扩大学生的"视知觉广度"。"视知觉广度"大，由于眼球注视时间短和中途回视的次数少，其阅读的平均速度就比较快。实践证明，"有经验的阅读者每一次注视所能阅读的内容至少是初学阅读者的三倍"。

用"扫视法"训练速读的方式很多。可以运用专门的训练软件，也可以用卡片、幻灯片或个人电脑来展示词组、句子、句群，在规定时间内要求学生尽量地扫视，然后迅速回答问题。

例如："白求恩同志是加拿大共产党员，五十多岁了，为了帮助中国的抗日战争，受加拿大共产党和美国共产党的派遣，不远万里，来到中国。"然后问学生"什么人？什么事？什么地方？什么原因？怎样来的"等问题，要学生回忆这些句子，同时也使他们明白记叙文的五个要素，从语段到全文，循序渐进，全面掌握扫视法，提高速读能力就会水到渠成。

搜索法。要提高阅读速度，培养快速搜索能力是必要的。即在看书时能快速找到所需文章目录、文章重点或你对文章所关心的部分。我们在训练中必须让学生养成有目的、有重点地进行阅读的习惯，使他们在阅读时善于发现重点，善于发现新问题、新观点和新材料。这可以是提要法进行训练。训练的材料，可以是训练文章中的"短篇""阅读"等阅读文章。对这些文章要求学生能抓住各段大意。掌握段意最方便的办法是抓中心句，也就是抓住能概括全段中心意思的句子。

例如，《崇高的理想》一文中的第五自然段开头一句："理想问题，实际上是一个人的世界观问题。"这就是中心句。当然，中心句的位置不是固定的，可能在段落的首尾，也可能在中间。

要迅速把握文章的脉络。例如，《卓越的科学家竺可桢》一文是按逻辑顺序来安排的，文章从五个方面表现竺可桢同志在向科学高峰进军的过程中不辞劳苦、鞠躬尽瘁的革命精神和严肃认真、一丝不苟的治学态度。

中心法。这种快速阅读技巧就是要求学员在训练中能迅速找到阅读文本的中心思想。有的文章，标题就说明了中心思想（如《事物的正确答案不止一个》），有的在文章开头和结尾点明中心思想（如《为了六十一个阶级弟兄》），有的则通过主要事件来表达中心思想，只要根据主要事件，就能很快确定中心思想（如《荷花淀》等）。

概括法。通过快速阅读，要求学生把握文章的内容提要，迅速把握文章的主要脉络和大意。有的写情节提要（如《智取生辰纲》），有的写中心论点和分论点（如《敬业与乐业》），有的可制图表（如《变色龙》）。根据不同的阅读材料和学生的不同特点，提出不同的要求，久而久之，就能使学生养成正确的学习方法和学习习惯，提高阅读的效率。

提问法。速读与做事一样，如果想要好的效果，起初就必须有明确的目标和阅读指向，即明确需要从文本中了解和掌握什么东西，记忆什么内容，特别是在面临考试复习时，目的性就更要明确。如此一来，看书时我们就容易形成带着问题去看书和复习课文的习惯，起到事半功倍的效果。

叶圣陶先生说过："无论阅读何种书籍，要把应当记忆的记忆起来，把应当体会的体会出来，把应当研究的研究出来，总得认清几个问题——也可以叫作题目。""善于读书的人，一边读下去，一边自然会提出一些问题和题目来。"在培养速读能力时，可提出一些问题，要求学生迅速阅读后解答。有些文章的内容，可自编一些题目来概括。还可以进行专题阅读，由教师出一个专题，让学生阅读后解答，使学生养成"选读"的习惯和能力，也可以提高阅读的速度。

总之，阅读速度同"视知觉广度"、阅读者的经验知识、思维能力和阅读习惯方法以及年龄特征有关。要培养学生的速读记忆能力，就要看得快、读得巧、记得多，如此一来，速读能力自然得到提升。

三、"速读教学法"创新设计示例

【教学设计示例一】

原文：

变色龙

契诃夫（俄国）

警官奥楚蔑洛夫穿着新的军大衣，提着小包，穿过市场的广场。他身后跟着一个火红色头发的巡警，端着一个筛子，盛满了没收来的醋栗。四下里一片沉静。广场上一个人也没有。商店和饭馆的门无精打采地敞着，面对着上帝创造的这个世界，就跟许多饥饿的嘴巴一样；门口连一个乞丐也没有。

"好哇，你咬人？该死的东西！"奥楚蔑洛夫忽然听见叫喊声："伙计们，别放走它！这年月，咬人可不行！逮住它！哎哟……哎哟！"

传来了狗的尖叫声。奥楚蔑洛夫向那边一瞧，看见从商人彼楚金的木柴厂里跑出来一条狗，用三条腿一颠一颠地跑着，不住地回头瞧。它后边跟着追来一个人，穿着浆硬的花布衬衫和敞着怀的坎肩。他追上狗，身子往前一探，扑倒在地下，抓住了狗的后腿。又传来了狗的叫声，还有人的叫喊："别放走它！"有人从商店里探出头来，脸上还带着睡意。木柴厂四周很快就聚了一群人，仿佛一下子从地底下钻出来的。

"好像出乱子了，长官！"巡警说。

奥楚蔑洛夫微微向左一转，往人群那里走去。在木柴厂门口，他看见那个敞开了坎肩的人举起右手，把一个血淋淋的手指头伸给人们看。他那半醉的脸上现出这样的神气："我要揭你的皮，坏蛋！"就连那手指头也像是一面胜利的旗帜。奥楚蔑洛夫认出这人是首饰匠赫留金。这个案子的"罪犯"呢，坐在人群中央的地上，前腿劈开，浑身发抖——原来是一条白色的小猎狗，脸尖尖的，背上有块黄斑。它那含泪的眼睛流露出悲苦和恐怖的神情。

"这儿到底出了什么事？"奥楚蔑洛夫挤进人群里去，问道，"你在这儿干什么？你究竟为什么举着那个手指头？……谁在嚷？"

"长官，我好好地走我的路，没招谁没惹谁……"赫留金开口了，拿手罩在嘴上，咳嗽一下，"我正在跟密特里·密特里奇谈木柴的事，忽然，这个贱畜生无缘无故就把这手指头咬了一口……你得原谅我，我是做工的人，我做的是细致的活儿。这得叫他们赔我一笔钱才成，因为也许我要有一个礼拜不能用这个手指头啦……长官，就连法律上也没有那么一条，说是人受了畜生的害就该忍着。要是人人都这么让畜生乱咬一阵，那在这世界上也没个活头了。"

"嗯！不错……"奥楚蔑洛夫严厉地说，咳了一声，拧起眉头，"不错……这是谁家的狗？我绝不轻易放过这件事！我要拿点颜色出来给那些放出狗来到处乱跑的人看看。那些老爷既然不愿意遵守法令，现在就得管管他们。等到他，那个混蛋，受了罚，拿出钱来，他才会知道放出这种狗来，放出这种野畜生来，会有什么下场。我要好好地教育他一顿！叶尔德林，"警官对巡警说，"去调查一下，这是谁的狗，打个报告上来！这条狗呢，把它弄死好了。马上去办，别拖！这多半是条疯狗……请问，这到底是谁家的狗？"

"这好像是席加洛夫将军家的狗。"人群里有人说。

"席加洛夫将军？哦！……叶尔德林，帮我把大衣脱下来……真要命，天这么热，看样子多半要下雨了……只是有一件事我还不懂：它怎么会咬着你的？"奥楚蔑洛夫对赫留金说，"难道它够得着你的手指头？它是那么小；你呢，却长得这么魁梧！你那手指头一定是给小钉子弄破的，后来却异想天开，想得到一笔什么赔偿费了。你这种人啊……是出了名的！我可知道你们这些鬼东西是什么玩意儿！"

"长官，他本来是开玩笑，把烟卷戳到狗的脸上去；狗呢——可不肯做傻瓜，就咬了他一口……他是个荒唐的家伙，长官！"

"胡说，独眼鬼！你什么也没看见，你为什么胡说？他老人家是明白人，看得出来到底谁胡说，谁像当着上帝的面一样凭良心说话；要是我说了谎，那就让调解法官审问我好了。他的法律上说得明白，现在大家都平等啦。不瞒您说，我的兄弟就在当宪兵……"

"少说废话！"

"不对，这不是将军家里的狗……"巡警深思地说，"将军家里没有这样的狗。他家的狗，全是大猎狗。"

"你拿得准吗？"

"拿得准，长官……"

"我也知道。将军家里都是些名贵的、纯种的狗；这条狗呢，鬼才知道是什么玩意儿！毛色既不好，模样也不中看，完全是个下贱胚子。居然有人养这种狗！这人的脑子上哪儿去啦？要是这样的狗在彼得堡或者莫斯科让人碰见，你们猜猜看，结果会怎样？那儿的人可不管什么法律不法律，一眨眼的工夫就叫它断了气！你呢，赫留金，受了害，我们绝不能不管。得好好教训他们一下！是时候了。"

"不过也说不定就是将军家的狗……"巡警把他的想法说出来，"它的脸上又没写着……前几天我在将军家院子里看见过这样的一条狗。"

"没错儿，将军家的！"人群里有人说。

"哦！……叶尔德林老弟，给我穿上大衣吧……好像起风了，挺冷……你把这条狗带到将军家里去，问问清楚。就说这狗是我找着，派人送上的。告诉他们别再把狗放到街上来了。说不定这是条名贵的狗；可要是每个猪崽子都拿烟卷戳到它的鼻子上去，那它早就毁了。狗是娇贵的动物……你这混蛋，把手放下来！不用把你那蠢手指头伸出来！怪你自己不好！……"

"将军家的厨师来了，问他好了－－喂，普洛诃尔！过来吧，老兄，上这儿来！瞧瞧这条狗，是你们家的吗？"

"瞎猜！我们那儿从来没有这样的狗！"

"那就用不着白费工夫再上那儿去问了，"奥楚蔑洛夫说，"这是条野狗！用不着白费工夫说空话了。既然普洛诃尔说这是野狗，那它就是野狗。弄死它算了。""这不是我们的狗，"普洛诃尔接着说，"这是将军的哥哥的狗。他哥哥是前几天才到这儿来。我们将军不喜欢这种小猎狗，他哥哥却喜欢。""他哥哥来啦？是乌拉吉米尔·伊凡尼奇吗？"奥楚蔑洛夫问，整个脸上洋溢着含笑的温情，"哎呀，天！我还不知道呢！他是上这儿来住一阵就走吗？"

"是来住一阵的。"

"哎呀，天！他是惦记他的兄弟了……可我还不知道呢！这么说，这是他老人家的狗？高兴得很……把它带走吧。这小狗还不赖，怪伶俐的，一口就咬破了这家伙的手指头！哈哈哈……得了，你干什么发抖呀？呜呜……呜呜……这坏蛋生气了……好一条小狗……"

普洛诃尔喊一声那条狗的名字，带着它从木柴厂走了。那群人就对着赫留金哈哈大笑。

"我早晚要收拾你！"奥楚蔑洛夫向他恐吓说，裹紧大衣，接着穿过市场的广场径自走了。

速读教学设计：

第一步：速读定标。

这是一篇小说，篇幅稍长，但语言平实、浅显，是速读训练的理想文本。根据小说的知识体系，小说的整体速读任务应该按照三要素来确定，包括人物、情节和环境，围绕三要素确定速读任务群和学习目标。本文可以这样确定速读主要目标和任务群：

一是整体感知故事内容，要求学生用一句话概括：讲了一个怎样的故事？

二是小说中描写的人物有哪几个，你认为主人公是谁？

三是题目是《变色龙》，在情节上写出了警官奥楚蔑洛夫哪几次变化？简要说明。

四是故事发生的自然环境和社会环境怎样？

第二步：定向速读。

要求学生带着任务群进行快速阅读。可以分多轮速读，每次速读完成一个任务，也可以一次速读完成一个任务群。刚开始速读训练时，可以循序渐进，由单一任务速读逐步过渡到任务群驱动速读。

第一轮速读：读情节。

在速读过程中，只关注故事情节的发展进程，迅速抓住有关情节阶段的标志词或句段，以便梳理小说情节结构。

1. 快速默读全文（2分钟）；整体把握事件；关注情节标志词句。

事件：警官奥楚蔑洛夫处理首饰匠赫留金被小狗咬伤手指。

2. 梳理情节结构：提炼、整理关键词句。

情节结构：开端（发生狗咬人事件或赫留金被狗咬了）—发展、高潮（警官奥楚蔑洛夫处理狗咬人事件；处死小狗，严惩狗主人；指责赫留金伤狗在先，不处理小狗；又要严惩小狗和主人；不处理小狗，要亲自送给将军哥哥）—结局（警官恐吓赫留金，扬长而去）。

也可以不按阶段整理，概括表述为：首饰匠赫留金被小狗咬了，警官奥楚蔑洛夫处理狗咬人事件，随着狗的主人的不断变化，警官对狗的态度不断发生变化，最后他把小狗送走了，扬长而去。

第二轮速读：读人物。

在快速默读中，重点关注人物，特别是人物有特点的外貌、语言、动作等描写，粗略感知人物的性格特点，回答有关人物的问题。可以根据需要直接跳读、猎读，获取所需基本信息，进行人物整体感知。

1. 快速默读全文（2分钟）：关注人物名称、重要描写特征，如外貌、语言、动作等标志性的细节。

2. 梳理人物信息：感知人物性格基本特征（大致印象即可）。

主要人物：警官奥楚蔑洛夫及其随从叶尔德林、赫留金、普洛诃尔等。

主人公：警官奥楚蔑洛夫。

重要标志：一是态度多变：五次变化；二是军大衣及反复穿和脱的动作

五次变化：

态度一："嗯！不错……"奥楚蔑洛夫严厉地说，咳了一声，拧起眉头，"不错……这是谁家的狗？我绝不轻易放过这件事！我要拿点颜色出来给那些放出狗来到处乱跑的人看看。那些老爷既然不愿意遵守法令，现在就得管管他们。等到他，那个混蛋，受了罚，拿出钱来，他才会知道放出这种狗来，放出这种野畜生来，会有什么下场。我要好好地教育他一顿！叶尔德林，"警官对巡警说，"去调查一下，这是谁的狗，打个报告上来！这条狗呢，把它弄死好了。马上去办，别拖！这多半是条疯狗……请问，这到底是谁家的狗？"

态度二："席加洛夫将军？哦！……叶尔德林，帮我把大衣脱下来……真要命，天这么热，看样子多半要下雨了……只是有一件事我还不懂：它怎么会咬着你的？"奥楚蔑洛夫对赫留金说，"难道它够得着你的手指头？它是那么小；你呢，却长得这么魁梧！你那手指头一定是给小钉子弄破的，后来却异想天开，想得到一笔什么赔偿费了。你这种人啊……是出了名的！我可知道你们这些鬼东西是什么玩意儿！"

态度三："我也知道。将军家里都是些名贵的、纯种的狗；这条狗呢，鬼才知道是什么玩意儿！毛色既不好，模样也不中看，完全是个下贱胚子。居然有人养这种狗！这人的脑子上哪儿去啦？要是这样的狗在彼得堡或者莫斯科让人碰见，你们猜猜看，结果会怎样？那儿的人可不管什么法律不法律，一眨眼的工夫就叫它断了气！你呢，赫留金，受了害，我们绝不能不管。得好好教训他们一下！是时候了。"

态度四："……说不定这是条名贵的狗；可要是每个猪崽子都拿烟卷戳到它的鼻子上去，那它早就毁了。狗是娇贵的动物……你这混蛋，把手放下来！不用把你那蠢手指头伸出来！怪你自己不好！……"

态度五："那就用不着白费工夫再上那儿去问了，"奥楚蔑洛夫说，"这是条野狗！用不着白费工夫说空话了。既然普洛诃尔说这是野狗，那它就是野狗。弄死它算了。"

态度六："……这小狗还不赖，怪伶俐的，一口就咬破了这家伙的手指头！哈哈哈……得了，你干什么发抖呀？呜呜……呜呜……这坏蛋生气了……好一条小狗……"

军大衣穿脱细节：

动作一：警官奥楚蔑洛夫穿着新的军大衣，提着小包，穿过市场的广场。

动作二："席加洛夫将军？哦！……叶尔德林，帮我把大衣脱下来……真要命，天这么热，看样子多半要下雨了……"

动作三："哦！……叶尔德林老弟，给我穿上大衣吧……好像起风了，挺冷……"

动作四："我早晚要收拾你！"奥楚蔑洛夫向他恐吓说，裹紧大衣，接着穿过市场的广场径自走了。

整体感知人物性格：见风使舵，趋炎附势，媚上欺下，奴才嘴脸。

第三轮速读：读环境。

环境描写一般只在小说的关键位置出现，具有一定的规律，如故事的开端处、情节发展的关键处或者结尾处等，主要表现为景物描写和暗示时代特征。选用猎读、跳读，快速把握环境特征。

1. 快速跳读全文（2分钟）：关注景物描写、时代特征标志灯，获取整体感知环境的有效信息。

2. 整理环境信息：结合景物描写和社会环境描写以及具有时代标志性的特征，形成对小说环境粗略印象。

环境（景物）描写：警官奥楚蔑洛夫穿着新的军大衣，提着小包，穿过市场的广场。他身后跟着一个火红色头发的巡警，端着一个筛子，盛满了没收来的醋栗。四下里一片沉静。广场上一个人也没有。商店和饭馆的门无精打采地敞着，面对着上帝创造的这个世界，就跟许多饥饿的嘴巴一样；门口连一个乞丐也没有。

时代标志特征："警官""军大衣""那儿的人可不管什么法律不法律""我的兄弟就在当宪兵"等。

环境特点：19 世纪俄国沙皇统治下的黑暗社会；莫斯科广场。

一般整体感知型速读教学设计到此就结束了。但如果要深入速读，还可以设计以下专题速读教学环节，不是必备教学环节，只是教学参考。

第三步：专题速读。

也叫局部速读、重点速读、句段速读等。可以根据需要设计重点问题或关键语段速读教学，具体设计思路如下：

首先确定专题：如人物分析、情节梳理、环境解读、语言揣摩、细节探究等角度。

其次快读默读：一般每一遍不超过 2 分钟，以问题为导向，进行针对性猎读和跳读，捕捉相关信息。

最后解决问题：快速整理，进行整体感知，得到对问题的初步印象。

如专题阅读：速读警官奥楚蔑洛夫处理"狗咬人事件"，回答以下问题：

警官奥楚蔑洛夫对狗和赫留金的态度有几次描写？发生了几次变化？变的原因是什么？始终不变的是什么？

六次描写，五次变化，随着狗主人的变化而改变态度，始终不变的是奥楚美洛夫的性格：见风使舵、媚上欺下、趋炎附势。

	变化原因	对小猎狗	对赫留金
1	不知狗主人是谁	野畜生，疯狗，把它弄死算了	肯定是被狗咬了
2	有人说好像是将军家的狗	它是那么小，它怎么会咬着你的	你那手指头一定是给钉子弄破的，鬼东西
3	巡警说：不是将军家的狗	下贱胚子	受了害，我不能不管
4	巡警说是将军家的狗	名贵的狗，狗是娇贵的动物	你这混蛋，不用把你那手指头伸出来！怪你自己不好
5	厨师说不是将军家的狗	野狗，弄死它算了	无
6	厨师说是姜军哥哥家的狗	还不赖，怪伶俐的，一口就咬破了这家伙的手指头	我早晚要收拾你

在速读中，完成上述表格，理解人物性格的善变，进

而理解小说的主题：对沙皇专制统治下的忠实走狗的讽刺和批判。

总之，凡是需要阅读理解的问题，都可以通过速读教学设计来完成，以达到强化同步思维能力培养的目的。

【教学设计示例二】

原文：

社戏（全文）

鲁迅

我们鲁镇的习惯，本来是凡有出嫁的女儿，倘自己还未当家，夏间便大抵回到母家去消夏。那时我的祖母虽然还康建，但母亲也已分担了些家务，所以夏期便不能多日的归省了，只得在扫墓完毕之后，抽空去住几天，这时我便每年跟了我的母亲住在外祖母的家里。那地方叫平桥村，是一个离海边不远，极偏僻的，临河的小村庄；住户不满三十家，都种田，打鱼，只有一家很小的杂货店。

但在我是乐土：因为我在这里不但得到优待，又可以免念"秩秩斯干幽幽南山"了。和我一同玩的是许多小朋友，因为有了远客，他们也都从父母那里得了减少工作的许可，伴我来游戏。在小村里，一家的客，几乎也就是公共的。我们年纪都相仿，但论起行辈来，却至少是叔子，有几个还是太公，因为他们合村都同姓，是本家。然而我们是朋友，即使偶而吵闹起来，打了太公，一村的老老少少，也决没有一个会想出"犯上"这两个字来，而他们也百分之九十九不识字。

我们每天的事情大概是掘蚯蚓，掘来穿在铜丝做的小钩上，伏在河沿上去钓虾。虾是水世界里的呆子，决不惮用了自己的两个钳捧着钩尖送到嘴里去的，所以不半天便可以钓到一大碗。这虾照例是归我吃的。

其次便是一同去放牛，但或者因为高等动物了的缘故罢，黄牛水牛都欺生，敢于欺侮我，因此我也总不敢走近身，只好远远地跟着，站着。这时候，小朋友们便不再原谅我会读"秩秩斯干"，却全都嘲笑起来了。

至于我在那里所第一盼望的，却在到赵庄去看戏。赵庄是离平桥村五里的较大的村庄；平桥村太小，自己演不起戏，每年总付给赵庄多少钱，算作合做的。当时我并不想到他们为什么年年要演戏。现在想，那或者是春赛，是社戏了。就在我十一二岁时候的这一年，这日期也看看等到了。不料这一年真可惜，在早上就叫不到船。平桥村只有一只早出晚归的航船是大船，决没有留用的道理。其余的都是小船，不合用；央人到邻村去问，也没有，早都给别人定下了。外祖母很气恼，怪家里的人不早定，絮叨起来。

母亲便宽慰伊，说我们鲁镇的戏比小村里的好得多，一年看几回，今天就算了。只有我急得要哭，母亲却竭力的嘱咐我，说万不能装模装样，怕又招外祖母生气，又不准和别人一同去，说是怕外祖母要担心。

总之，是完了。到下午，我的朋友都去了，戏已经开场了，我似乎听到锣鼓的声音，而且知道他们在戏台下买豆浆喝。

这一天我不钓虾，东西也少吃。母亲很为难，没有法子想。到晚饭时候，外祖母也终于觉察了，并且说我应当不高兴，他们太怠慢，是待客的礼数里从来没有的。吃饭之后，看过戏的少年们也都聚拢来了，高高兴兴的来讲戏。只有我不开口；他们都叹息而且表同情。忽然间，一个最聪明的双喜大悟似的提议了，他说，"大船？八叔的航船不是回来了么？"十几个别的少年也大悟，立刻撺掇起来，说可以坐了这航船和我一同去。我高兴了。

然而外祖母又怕都是孩子，不可靠；母亲又说是若叫大人一同去，他们白天全有工作，要他熬夜，是不合情理的。在这迟疑之中，双喜可又看出底细来了，便又大声的说道，"我写包票！船又大；迅哥儿向来不乱跑；我们又都是识水性的！"

诚然！这十多个少年，委实没有一个不会凫水的，而且两三个还是弄潮的好手。

外祖母和母亲也相信，便不再驳回，都微笑了。我们立刻一哄的出了门。

我的很重的心忽而轻松了，身体也似乎舒展到说不出的大。一出门，便望见月下的平桥内泊着一只白篷的航船，大家跳下船，双喜拔前篙，阿发拔后篙，年幼的都陪我坐在舱中，较大的聚在船尾。母亲送出来吩咐"要小心"的时候，我们已经点开船，在桥石上一磕，退后几尺，即又上前出了桥。

于是架起两支橹，一支两人，一里一换，有说笑的，有嚷的，夹着潺潺的船头激水的声音，在左右都是碧绿的豆麦田地的河流中，飞一般径向赵庄前进了。

两岸的豆麦和河底的水草所发散出来的清香，夹杂在水气中扑面的吹来；月色便朦胧在这水气里。淡黑的起伏的连山，仿佛是踊跃的铁的兽脊似的，都远远的向船尾跑去了，但我却还以为船慢。他们换了四回手，渐望见依稀的赵庄，而且似乎听到歌吹了，还有几点火，料想便是戏台，但或者也许是渔火。

那声音大概是横笛，宛转，悠扬，使我的心也沉静，然而又自失起来，觉得要和他弥散在含着豆麦蕴藻之香的夜气里。

那火接近了，果然是渔火；我才记得先前望见的也不是赵庄。那是正对船头的一丛松柏林，我去年也曾经去游玩过，还看见破的石马倒在地下，一个石羊蹲在草里呢。过了那林，船便弯进了叉港，于是赵庄便真在眼前了。

最惹眼的是屹立在庄外临河的空地上的一座戏台，模胡在远处的月夜中，和空间几乎分不出界限，我疑心画上见过的仙境，就在这里出现了。这时船走得更快，不多时，在台上显出人物来，红红绿绿的动，近台的河里一望乌黑的是看戏的人家的船篷。

"近台没有什么空了，我们远远的看罢。"阿发说。

这时船慢了，不久就到，果然近不得台旁，大家只能下了篙，比那正对戏台的神棚还要远。其实我们这白篷的航船，本也不愿意和乌篷的船在一处，而况没有空地呢……

在停船的匆忙中，看见台上有一个黑的长胡子的背上插着四张旗，捏着长枪，和一群赤膊的人正打仗。双喜说，那就是有名的铁头老生，能连翻八十四个筋斗，他日里亲自数过的。

我们便都挤在船头上看打仗，但那铁头老生却又并不翻筋斗，只有几个赤膊的人翻，翻了一阵，都进去了，接着走出一个小旦来，咿咿呀呀的唱。双喜说，"晚上看客少，铁头老生也懈了，谁肯显本领给白地看呢？"我相信这话对，因为其时台下已经不很有人，乡下人为了明天的工作，熬不得夜，早都睡觉去了，疏疏朗朗的站着的不过是几十个本村和邻村的闲汉。

乌篷船里的那些土财主的家眷固然在，然而他们也不在乎看戏，多半是专到戏台下来吃糕饼水果和瓜子的。所以简直可以算白地。

然而我的意思却也并不在乎看翻筋斗。我最愿意看的是一个人蒙了白布，两手在头上捧着一支棒似的蛇头的蛇精，其次是套了黄布衣跳老虎。但是等了许多时都不见，小旦虽然进去了，立刻又出来了一个很老的小生。

我有些疲倦了，托桂生买豆浆去。他去了一刻，回来说，"没有。卖豆浆的聋子也回去了。日里倒有，我还喝了两碗呢。现在去舀一瓢水来给你喝罢。"

我不喝水，支撑着仍然看，也说不出见了些什么，只觉得戏子的脸都渐渐的有些稀奇了，那五官渐不明显，似乎融成一片的再没有什么高低。年纪小的几个多打呵欠了，大的也各管自己谈话。忽而一个红衫的小丑被绑在台柱子上，给一个花白胡子的用马鞭打起来了，大家才又振作精神的笑着看。在这一夜里，我以为这实在要算是最好的一折。

然而老旦终于出台了。老旦本来是我所最怕的东西，尤其是怕他坐下了唱。这时候，看见大家也都很扫兴，才知道他们的意见是和我一致的。那老旦当初还只是踱来踱去的唱，后来竟在中间的一把交椅上坐下了。我很担心；双喜他们却就破口喃喃的骂。我忍耐的等着，许多工夫，只见那老旦将手一抬，我以为就要站起来了，不料他却又慢慢的放下在原地方，仍旧唱。

全船里几个人不住的吁气，其余的也打起哈欠来。双喜终于熬不住了，说道，怕他会唱到天明还不完，还是我们走的好罢。大家立刻都赞成，和开船时候一样踊跃，三四人径奔船尾，拔了篙，点退几丈，回转船头，驾起橹，骂着老旦，又向那松柏林前进了。

月还没有落，仿佛看戏也并不很久似的，而一离赵庄，月光又显得格外的皎洁。回望戏台在灯火光中，却又如初来未到时候一般，又漂渺得像一座仙山楼阁，满被红霞罩着了。吹到耳边来的又是横笛，很悠扬；我疑心老旦已经进去了，但也不好意思说再回去看。

不多久，松柏林早在船后了，船行也并不慢，但周围的黑暗只是浓，可知已经到了深夜。他们一面议论着戏子，或骂，或笑，一面加紧的摇船。这一次船头的激水声更其响亮了，那航船，就像一条大白鱼背着一群孩子在浪花里蹿，连夜渔的几个老渔父，也停了艇子看着喝采起来。

离平桥村还有一里模样，船行却慢了，摇船的都说很疲乏，因为太用力，而且许久没有东西吃。这回想出来的是桂生，说是罗汉豆正旺相，柴火又现成，我们可以偷一点来煮吃。大家都赞成，立刻近岸停了船；岸上的田里，乌油油的都是结实的罗汉豆。

"阿阿，阿发，这边是你家的，这边是老六一家的，我们偷那一边的呢？"双喜先跳下去了，在岸上说。

我们也都跳上岸。阿发一面跳，一面说道，"且慢，让我来看一看罢，"他于是往来的摸了一回，直起身来说道，"偷我们的罢，我们的大得多呢。"一声答应，大家便散开在阿发家的豆田里，各摘了一大捧，抛入船舱中。双喜以为再多偷，倘给阿发的娘知道是要哭骂的，于是各人便到六一公公的田里又各偷了一大捧。

我们中间几个年长的仍然慢慢的摇着船，几个到后舱去生火，年幼的和我都剥豆。不久豆熟了，便任凭航船浮在水面上，都围起来用手撮着吃。吃完豆，又开船，一面洗器具，豆荚豆壳全抛在河水里，什么痕迹也没有了。双喜所虑的是用了八公公船上的盐和柴，这老头子很细心，一定要知道，会骂的。

然而大家议论之后，归结是不怕。他如果骂，我们便要他归还去年在岸边拾去的一枝枯柏树，而且当面叫他"八癞子"。

"都回来了！那里会错。我原说过写包票的！"双喜在船头上忽而大声的说。

我向船头一望，前面已经是平桥。桥脚上站着一个人，却是我的母亲，双喜便是对伊说着话。我走出前舱去，船也就进了平桥了，停了船，我们纷纷都上岸。母亲颇有些生气，说是过了三更了，怎么回来得这样迟，但也就高兴了，笑着邀大家去吃炒米。

大家都说已经吃了点心，又渴睡，不如及早睡的好，各自回去了。

第二天，我向午才起来，并没有听到什么关系八公公盐柴事件的纠葛，下午仍然去钓虾。

"双喜，你们这班小鬼，昨天偷了我的豆了罢？又不肯好好的摘，踏坏了不少。"我抬头看时，是六一公公棹着小船，卖了豆回来了，船肚里还有剩下的一堆豆。

"是的。我们请客。我们当初还不要你的呢。你看，你把我的虾吓跑了！"双喜说。

六一公公看见我，便停了楫，笑道，"请客？——这是应该的。"于是对我说，"迅哥儿，昨天的戏可好么？"

我点一点头，说道，"好。"

"豆可中吃呢？"

我又点一点头，说道，"很好。"

不料六一公公竟非常感激起来，将大拇指一翘，得意的说道，"这真是大市镇里出来的读过书的人才识货！我的豆种是粒粒挑选过的，乡下人不识好歹，还说我的豆比不上别人的呢。我今天也要送些给我们的姑奶奶尝尝去……"

他于是打着楫子过去了。

待到母亲叫我回去吃晚饭的时候，桌上便有一大碗煮熟了的罗汉豆，就是六一公公送给母亲和我吃的。听说他还对母亲极口夸奖我，说"小小年纪便有见识，将来一定要中状元。姑奶奶，你的福气是可以写包票的了。"但我吃了豆，却并没有昨夜的豆那么好。

真的，一直到现在，我实在再没有吃到那夜似的好豆，——也不再看到那夜似的好戏了。

一九二二年十月

速读教学方案设计：

第一步：速读定标。

《社戏》是鲁迅先生的短篇小说，写于20世纪20年代，语言习惯与我们今天有一点差异，但还是很通俗、平实，容易理解和接受，是一篇比较经典的现代小说。按照小说速读的基本规律来构建知识系统，重点把握小说的三要素：人物、情节、环境，据此确定速读的知识目标和任务群如下：

1. 小说讲了一个什么故事？请简单复述故事内容，并用一句话加以概括。

2. 梳理小说的情节结构，把握文本主要内容。

3. 小说中主要描写了哪几个人物形象？主人公是谁？人物的哪些方面（如外貌、语言、动作、神态等）给你留下了深刻印象？

4. 小说描写了怎样的环境？举例说明环境描写的作用。

第二步：定向速读。

要求学生带着任务群进行快速阅读。由于本文篇幅较长，速读目标任务较多，整体感知具有一定的难度。因此，适合进行分层次速读，每次速读完成一个任务，由表及里，由浅入深，从易到难。

第一轮速读：读情节。

在速读过程中，只关注故事情节的发展进程，迅速抓住有关情节阶段的标志词或句段，以便梳理小说情节结构。

1. 快速默读全文（2分钟）：整体把握事件；关注情节标志词句。写了一个什么故事？请学生讲故事。

小说叙述了"我"和一群小伙伴夜晚划船去赵庄看社戏的经历。

2. 梳理情节结构：提炼、整理关键词句。

情节结构：平桥村乡间生活—看社戏前的波折—月夜行船去赵庄看社戏—船头看社戏—月下归航偷吃罗汉豆。

第二轮速读：读人物。

在快速默读中，重点关注人物，特别是人物外貌、语言、动作等方面的描写，粗略感知人物的性格特点，回答有关人物的问题。也可以根据阅读需要直接跳读、猎读，获取所需基本信息，进行人物整体感知。

1. 快速默读全文（2 分钟）：关注人物名称、重要描写特征，如外貌、语言、动作等标志性的细节。

2. 梳理人物信息：感知人物性格基本特征（大致印象即可）。

主要人物：双喜、阿发、六一公公、"我"、桂生、八公公等。

主人公：双喜、阿发、六一公公。

重要标志：语言、动作描写。

感知人物性格：

人物一：双喜：双喜是一个聪明，能干，善解人意，富有同情心，而且考虑周到，反应灵敏，充满自信，有组织才能和号召力，是孩子们的当然领袖。

聪明、能干：

①一个最聪明的双喜大悟似的提议了，他说，"大船？八叔的航船不是回来了么？"（语言描写）

②双喜说，"晚上看客少，铁头老生也懈了，谁肯显本领给白地看呢？"（语言描写）

反应灵敏、考虑周到、善解人意：

①在这迟疑之中，双喜可又看出底细来了，便又大声

的说道，"我写包票！船又大；迅哥儿向来不乱跑；我们又都是识水性的！"（语言描写）

②"阿阿，阿发，这边是你家的，这边是老六一家的，我们偷那一边的呢？"双喜先跳下去了，在岸上说。（语言、动作描写）

③双喜所虑的是用了八公公船上的盐和柴，这老头子很细心，一定要知道，会骂的。

④"是的。我们请客。我们当初还不要你的呢。你看，你把我的虾吓跑了！"双喜说。（语言描写）

⑤双喜以为再多偷，倘给阿发的娘知道是要哭骂的。

做事有始有终：

双喜送我回到家，"都回来了！那里会错。我原说过写包票的！"（语言、动作描写）

人物二：阿发：大方、无私、热情好客。

"偷我们的吧，我们的大得多呢。"（语言描写）

人物三：桂生：勤快、机灵。

"没有。买豆浆的聋子也回去了。日里倒有，我还喝了两碗呢。现在去舀一瓢水来给你喝罢。"

人物四：六一公公：是一个宽厚、善良、淳朴、好客、热诚的老人。

善良宽厚，爱惜劳动果实：

"双喜，你们这班小鬼，昨天偷了我的豆了罢？又不肯

好好的摘，踏坏了不少。"证实双喜他们是否偷了豆，重在指责他们踏坏了庄稼。（语言描写）

淳朴、好客：

①六一公公看见我，便停了楫，笑道，"请客？——这是应该的。"还问"迅哥儿，昨天的戏可好么？""豆可中吃呢？"。（动作、语言描写）

②六一公公送豆给母亲和我吃。

好强：

六一公公夸自己的豆好"我的豆种是粒粒挑选过的"。（语言描写）

第三轮速读：读环境。

1. 快速跳读全文（2分钟）：关注景物描写，获取整体感知环境的有效信息。

2. 整理环境信息：结合景物描写，形成对小说环境的粗略印象。

环境（景物）描写：

①那地方叫平桥村，是一个离海边不远，极偏僻的，临河的小村庄；住户不满三十家，都种田，打鱼，只有一家很小的杂货店。（偏僻海边小渔村：民风淳朴、封闭落后）

②于是架起两支橹，一支两人，一里一换，有说笑的，有嚷的，夹着潺潺的船头激水的声音，在左右都是碧绿的豆麦田地的河流中，飞一般径向赵庄前进了。（乡村田园风

光：优美宜人)

③两岸的豆麦和河底的水草所发散出来的清香，夹杂在水气中扑面的吹来；月色便朦胧在这水气里。淡黑的起伏的连山，仿佛是踊跃的铁的兽脊似的，都远远的向船尾跑去了，但我却还以为船慢。他们换了四回手，渐望见依稀的赵庄，而且似乎听到歌吹了，还有几点火，料想便是戏台，但或者也许是渔火。(乡间月夜风景：自然淳朴美好)

④那火接近了，果然是渔火；我才记得先前望见的也不是赵庄。那是正对船头的一丛松柏林，我去年也曾经去游玩过，还看见破的石马倒在地下，一个石羊蹲在草里呢。过了那林，船便弯进了叉港，于是赵庄便真在眼前了。(看戏沿途风景：美好记忆)

⑤最惹眼的是屹立在庄外临河的空地上的一座戏台，模胡在远处的月夜中，和空间几乎分不出界限，我疑心画上见过的仙境，就在这里出现了。这时船走得更快，不多时，在台上显出人物来，红红绿绿的动，近台的河里一望乌黑的是看戏的人家的船篷。(戏台美景：童年记忆，美好生活)

环境特点：20世纪20年代中国农村风景朴实优美，民风淳朴，落后封闭，人民生活自给自足。这是"我"童年乡间美好生活的情景。

第三步：专题速读。

课文给读者印象最为深刻的是"归航偷吃罗汉豆"的情节，也是作者着墨较多的情节之一，这一节最能体现作者要表现的主题：表达对平桥村美好生活和小伙伴真挚情感的怀念。为了开展深度学习，结合这一情节，可以开展思维同步训练，具体速读教学设计思路如下：

第一，确定专题：速读"归航偷吃罗汉豆"一节。解决下列问题：

1. 小说结尾写道："真的，一直到现在，我实在再没有吃到那夜似的好豆，——也不再看到那夜似的好戏了。"那晚的罗汉豆真的好吃吗？为什么第二天六一公公送来的罗汉豆没有"昨晚"的好吃呢？

2. 在这一情节中，表达了作者怎样的情感？从哪些地方体会出来。

原文：

离平桥村还有一里模样，船行却慢了，摇船的都说很疲乏，因为太用力，而且许久没有东西吃。这回想出来的是桂生，说是罗汉豆正旺相，柴火又现成，我们可以偷一点来煮吃。大家都赞成，立刻近岸停了船；岸上的田里，乌油油的都是结实的罗汉豆。

"阿阿，阿发，这边是你家的，这边是老六一家的，我们偷那一边的呢？"双喜先跳下去了，在岸上说。

我们也都跳上岸。阿发一面跳，一面说道，"且慢，让我来看一看罢，"他于是往来的摸了一回，直起身来说道，"偷我们的罢，我们的大得多呢。"一声答应，大家便散开在阿发家的豆田里，各摘了一大捧，抛入船舱中。双喜以为再多偷，倘给阿发的娘知道是要哭骂的，于是各人便到六一公公的田里又各偷了一大捧。

我们中间几个年长的仍然慢慢的摇着船，几个到后舱去生火，年幼的和我都剥豆。不久豆熟了，便任凭航船浮在水面上，都围起来用手撮着吃。吃完豆，又开船，一面洗器具，豆荚豆壳全抛在河水里，什么痕迹也没有了。双喜所虑的是用了八公公船上的盐和柴，这老头子很细心，一定要知道，会骂的。

然而大家议论之后，归结是不怕。他如果骂，我们便要他归还去年在岸边拾去的一枝枯桕树，而且当面叫他"八癞子"。

"都回来了！那里会错。我原说过写包票的！"双喜在船头上忽而大声的说。

我向船头一望，前面已经是平桥。桥脚上站着一个人，却是我的母亲，双喜便是对伊说着话。我走出前舱去，船也就进了平桥了，停了船，我们纷纷都上岸。母亲颇有些生气，说是过了三更了，怎么回来得这样迟，但也就高兴了，笑着邀大家去吃炒米。

大家都说已经吃了点心，又渴睡，不如及早睡的好，各自回去了。

第二，快读默读（1分钟）：以问题为导向，进行针对性猎读和跳读，捕捉相关信息。

主要关注"罗汉豆是否好吃"和"表达的思想感情"两个点去快速猎读和跳读，抓关键词句，可以从正面描写和侧面烘托两个方面去寻找和发现。

第三，解决问题：快速整理，形成初步印象。

问题一：罗汉豆是否好吃？

昨晚的罗汉豆真的好吃。文中一句话一个词就把小伙伴喜欢吃豆的情态、心理表现得淋漓尽致："都围起来用手撮着吃"，其中一个动词"撮"生动形象传神。

"撮"：一是速度快、动作敏捷；二是夜深了，饥肠辘辘，抢着吃；三是刚煮熟的罗汉豆，还是很烫手的，不能抓；四是豆是颗粒状，只能用几个手指头"捏着"，不能用手掌抓；五是新鲜煮熟的豆，清香可口，本就好吃，才会争先恐后地抢着吃；六是最重要的是"偷来吃的"，别有一番情趣。

可见一个"撮"字把罗汉豆的清香美味、抢着吃的感觉、氛围以及小伙伴在一起的浓浓友情渲染得令人陶醉、终生难忘。

可以肯定：罗汉豆是真的好吃，其实第二天六一公公送来的豆味道更好，而且也包含了六一公公的情意，但儿时的"我"难忘昨晚那种偷着吃的感觉，更陶醉在那种情景氛围、真挚友情的美好之中，昨夜的豆已经不只是普通的豆了，而是寄托着"我"对儿时美好生活以及小伙伴真挚情意的怀念和追忆。

问题二：表达了什么样的思想感情？可以再速读第二遍，在充分理解第一个问题的基础上，多角度发现"我"的情感并不困难了。

从多个方面可以理解"我"对平桥村美好生活和儿时小伙伴真挚情意的怀念和难忘，除了上述关于吃豆本身包含了这种情感以外，还可以从以下两方面感受到：

一是有一群可爱的小伙伴：桂生的机灵献计："这回想出来的是桂生，说是罗汉豆正旺相，柴火又现成，我们可以偷一点来煮吃。"双喜的聪明周到："双喜以为再多偷，倘给阿发的娘知道是要哭骂的"，"双喜所虑的是用了八公公船上的盐和柴，这老头子很细心，一定要知道，会骂的。""都回来了！那里会错。我原说过写包票的！"

阿发的善良淳朴："偷我们的罢，我们的大得多呢。"

二是"我"享受的种种优待：干轻松的活，"年幼的和我都剥豆"；双喜为我在母亲面前解释等。

当然，速读教学的专题设计是开放式的，可以多角度选题，也可以省略这一环节。总之，通过多层次的速读训练，学生的阅读思维能力、阅读速度得到同步发展。

第三节　连贯思维与猜读教学创新

根据思维连续性的原理，语文文本都具有内在思维的逻辑性。因此，在阅读教学中，要培养学生的连贯思维能力，就需要开展相应的阅读教学创新设计，建构全新的课堂阅读教学模式，而猜读教学和续写、缩写、扩写教学等都是进行连贯思维训练的重要路径。本节仅从阅读教学的角度，阐述连贯思维与教学创新设计问题，为阅读教学提供新思路、新策略、新经验，从而扩展语文教学视野，进一步推进语文课堂教学改革。

语文思维的连贯性在具体文本中呈现不同的特点，这主要是由文体特点的差异造成的。叙事性文章的故事情节完整，由线索一以贯之，思路清晰，呈现出情节发展的连续性：开端—发展—高潮—结局，依次展开，井然有序；说理类文本逻辑性强：提出问题—分析问题—解决问题，层层推进，逐层深入，或者多方面并列论述，呈现横向思维特点，或者由浅入深，呈现思维的层递性；说明类文本介绍事物，突出事物特征，按照一定的顺序，依次介绍，或有时间先后，或有空间位移，或有主次轻重，按照事物

（或事理）本身的逻辑性依次展开。

无论何种文体，都有其自身的思维连贯的特点。因此，要加强思维连贯性训练，就要充分遵循语文阅读中连贯思维的规律，开展教学创新设计，以加强阅读思维能力培养，深化语文阅读教学。要把思维连续性训练贯穿在阅读教学全过程，作为教学创新设计的逻辑起点。

本节仅以猜读教学创新设计为例。这种方法更加适用于篇幅较长的文本阅读教学。而在文本局部阅读教学中也大有可为，例如，情节阶段的作用理解、人物性格发展的必然性解读等，都是连贯思维与阅读教学创新设计的范畴。

所谓"猜读教学法"，就是以思维连续性训练为目的的阅读教学创新设计。猜读教学法设计的主要类型有：整体猜读、局部猜读、专题猜读、猜读续写；猜读教学的具体形式多种多样，如读点猜面、读实猜虚、读前猜后、读表猜里、读彼猜此、读正猜反等。

一、"猜读教学法"的基本模式

先说整体猜读教学的设计模式。具体包括比照猜读、首尾猜读和猜读续写等。

（一）"读写结合、比照猜读"式

就是在教学某篇课文之前，教师可先让学生写作与其题目或话题相同的作文，然后引导学生将自己的构思和课文进行对照阅读。这样，既能深化对课文思路的理解，又能在对比阅读中体会思维连贯对写作的重要性，可谓一举两得。

以朱自清的《春》阅读教学设计为例。

春

朱自清

盼望着，盼望着，东风来了，春天的脚步近了。

一切都象刚睡醒的样子，欣欣然张开了眼。山朗润起来了，水涨起来了，太阳的脸红起来了。

小草偷偷地从土里钻出来，嫩嫩的，绿绿的。园子里，田野里，瞧去，一大片一大片满是的。坐着，趟着，打两个滚，踢几脚球，赛几趟跑，捉几回迷藏。风轻悄悄的，草软绵绵的。

桃树、杏树、梨树，你不让我，我不让你，都开满了花赶趟儿。红的像火，粉的像霞，白的像雪。花里带着甜味儿，闭了眼，树上仿佛已经满是桃儿、杏儿、梨儿！花下成千成百的蜜蜂嗡嗡地闹着，大小的蝴蝶飞来飞去。野花遍地是：杂样儿，有名字的，没名字的，散在草丛里像眼睛，像星星，还眨呀眨的。

"吹面不寒杨柳风"，不错的，像母亲的手抚摸着你。

风里带来些新翻的泥土气息，混着青草味儿，还有各种花的香都在微微润湿的空气里酝酿。鸟儿将窠巢安在繁花嫩叶当中，高兴起来了，呼朋引伴地卖弄清脆的喉咙，唱出宛转的曲子，与轻风流水应和着。牛背上牧童的短笛，这时候也成天嘹亮地响。

雨是最寻常的，一下就是两三天。可别恼。看，像牛毛，像花针，像细丝，密密地斜织着，人家屋顶上全笼着一层薄烟。树叶子却绿得发亮，小草儿也青得逼你的眼。傍晚时候，上灯了，一点点黄晕的光，烘托出一片安静而和平的夜。乡下去，小路上，石桥边，有撑起伞慢慢走着的人；还有地里工作的农夫，披着蓑，戴着笠。他们的房屋，稀稀疏疏的，在雨里静默着。

天上风筝渐渐多了，地上孩子也多了。城里乡下，家家户户，老老小小，也赶趟儿似的，一个个都出来了。舒活舒活筋骨，抖擞精神，各做各的一份儿事去了。"一年之计在于春"，刚起头儿，有的是工夫，有的是希望。

春天像刚落地的娃娃，从头里脚是新的，它生长着。

春天像小姑娘，花枝招展的，笑着，走着。

春天像健壮的青年，有铁一般的胳膊和腰脚，领着我们上前去。

第一步：布置学生写命题作文《春天》。要求通过对春天的景物、人们的活动等场景的描写来表现春天的美丽，抒发对春天的热爱和赞美之情。要求学生在作文之前，先要确定好文章的整体线索、描写景物的内容和角度，字数要求根据学生实际学段特点决定，不必强求一致。

第二步：教师引导学生自我评改作文。要求梳理出作文的思维线索，写出内容纲要。要分层次列提纲：全文思路分几个层次，每一个画面或每一种景物按照什么思路展开，又分几个层次。学生自己的作文，比较容易梳理，做得多了，就会得心应手。

第三步：比照自己的作文阅读朱自清的散文《春》。

1. 梳理《春》的整体思路线索：

盼春（第 1 段）：盼望着，盼望着，东风来了，春天的脚步近了。

绘春（2—7 段）：一切都象刚睡醒的样子，欣欣然张开了眼。山朗润起来了，水涨起来了，太阳的脸红起来了。……"一年之计在于春"，刚起头儿，有的是工夫，有的是希望。

赞春（8—10 段）：春天像刚落地的娃娃，从头里脚是新的，它生长着。春天像小姑娘，花枝招展的，笑着，走着。春天像健壮的青年，有铁一般的胳膊和腰脚，领着我们上前去。

明确：课文以人们认识春天的心理感受作为线索，连贯性很强，要求学生对照自己的作文看看是不是思路清楚，有没有一条贯穿全文的思维线索，是否全文层次分明、结构完整。

2. 梳理局部思维线索：可以引导学生选取描写春天的某一种景物或者画面进行连贯思维对比阅读。

描写春花以方位变化为思维线索。

树上的花：桃树、杏树、梨树，你不让我，我不让你，都开满了花赶趟儿。红的像火，粉的像霞，白的像雪。花里带着甜味儿，闭了眼，树上仿佛已经满是桃儿、杏儿、梨儿！

地面的花：花下成千成百的蜜蜂嗡嗡地闹着，大小的蝴蝶飞来飞去。野花遍地是：杂样儿，有名字的，没名字的，散在草丛里像眼睛，像星星，还眨呀眨的。

写春风以感觉的变化为思维线索：

触觉："吹面不寒杨柳风"，不错的，像母亲的手抚摸着你。

嗅觉：风里带来些新翻的泥土气息，混着青草味儿，还有各种花的香都在微微润湿的空气里酝酿。

视觉：鸟儿将窠巢安在繁花嫩叶当中……牛背上牧童……

听觉：呼朋引伴地卖弄清脆的喉咙，唱出宛转的曲子，与轻风流水应和着。牛背上牧童的短笛，这时候也成天嘹亮地响。

赞美春天以从表到里的思维为线索：

崭新：春天像刚落地的娃娃，从头里脚是新的，它生长着。

美丽：春天像小姑娘，花枝招展的，笑着，走着。

充满活力：春天像健壮的青年，有铁一般的胳膊和腰脚，领着我们上前去。

3. 比较整理：朱自清先生之所以把春天的景物写得绚丽多彩而又层次分明，就是因为他有清晰的思维线索，根据不同景物的特点或人们观察感受大自然的心理特点，按照一条思维的轨迹去描写。即便抒发赞美之情也是层次分明，从新、美、力三个角度表达的。

4. 阅读迁移：引导学生构思《夏天》作文的思路，确定观察和感受夏天景物的思维线索，以加强阅读教学的效果，实现读写结合、相促进的目的。

（二）"观实求虚、猜读首尾"式

中学课文里节选类文本不在少数，特别是情节性较强的作品，如小说、叙述类散文等，就可以引导学生联系已知情节，猜测文本的开头或结尾，这种猜读教学，学生兴趣盎然。

以《鲁提辖拳打镇关西》猜读教学设计为例。

【教学设计示例一】

鲁提辖拳打镇关西

施耐庵

三人来到潘家酒楼上，拣个齐楚阁儿里坐下。提辖坐了主位，李忠对席，史进下首坐了。酒保唱了喏，认得是鲁提辖，便道："提辖官人，打多少酒？"鲁达道："先打四角酒来。"一面铺下菜蔬果品按酒，又问道："官人，吃甚下饭？"鲁达道："问甚么！但有，只顾卖来，一发算钱还你！这厮，只顾来聒噪！"酒保下去，随即烫酒上来，但是下口肉食，只顾将来摆一桌子。

三个酒至数杯，正说些闲话，较量些枪法，说得入港，只听得隔壁阁子里有人哽哽咽咽啼哭。鲁达焦躁，便把碟儿盏儿都丢在楼板上。酒保听得，慌忙上来看时，见鲁提辖气愤愤地。酒保抄手道："官人要甚东西，分付卖来。"鲁达道："洒家要甚么！你也须认得洒家！却怎地教甚么人在间壁吱吱的哭，搅俺弟兄们吃酒？洒家须不曾少了你酒钱！"酒保道："官人息怒。小人怎敢教人啼哭，打搅官人吃酒？这个哭的是缠酒座儿唱的父女两人，不知官人们在此吃酒，一时间自苦了啼哭。"鲁提辖道："可是作怪！你与我唤得他来。"酒保去叫。不多时，只见两个到来：前面一个十八九岁的妇人，背后一个五六十岁的老儿，手里拿串拍板，都来到面前。看那妇人，虽无十分容貌，也有些动人的颜色，拭着眼泪，向前来深深的道了三个万福。那老儿也都相见了。

鲁达问道："你两个是那里人家？为甚啼哭？"那妇人便道："官人不知，容奴告禀。奴家是东京人氏，因同父母来渭州投奔亲眷，不想搬移南京去了。母亲在客店里染病身故。女父二人流落在此生受。此间有个财主，叫做'镇关西'郑大官人，因见奴家，便使强媒硬保，要奴做妾。谁想写了三千贯文书，虚钱实契，要了奴家身体。未及三个月，他家大娘子好生利害，将奴赶打出来，不容完聚，着落店主人家追要原典身钱三千贯，父亲懦弱，和他争执不得，他又有钱有势。当初不曾得他一文，如今那讨钱来还他？没计奈何，父亲自小教得奴家些小曲儿，来这里酒楼上赶座子，每日但得这些钱来，将大半还他，留些少女父们盘缠。这两日酒客稀少，违了他钱限，怕他来讨时受他羞耻。女父们想起这苦楚来，无处告诉，因此啼哭。不想误触犯了官人，望乞恕罪，高抬贵手！"

鲁提辖又问道："你姓甚么？在那个客店里歇？那个镇关西郑大官人在那里住？"老儿答道："老汉姓金，排行第二。孩儿小字翠莲。郑大官人便是此间状元桥下卖肉的郑屠，绰号镇关西。老汉父女两个只在前面东门里鲁家客店安下。"鲁达听了道："呸！俺只道那个郑大官人，却原来是杀猪的郑屠！这个腌臜泼才，投托着俺小种经略相公门下做个肉铺户，却原来这等欺负人！"回头看着李忠、史进道："你两个且在这里，等洒家去打死了那厮便来！"史进、李忠抱住劝道："哥哥息怒，明日却理会。"两个三回五次劝得他住。

鲁达又道："老儿，你来！洒家与你些盘缠，明日便回东京去，何如？"父女两个告道："若能勾回乡去时，便是重生父母，再长爷娘。只是店主人家如何肯放？郑大官人须着落他要钱。"鲁提辖道："这个不妨事，俺自有道理。"便去身边摸出五两来银子，放在桌上，看着史进道："洒家今日不曾多带得些出来；你有银子，借些与俺，洒家明日便送还你。"史进道："直甚么，要哥哥还！"去包裹里取出一锭十两银子放在桌上。鲁达看着李忠道："你也借些出来与洒家。"李忠去身边摸出二两来银子。鲁提辖看了见少，便道："也是个不爽利的人！"鲁达只把这十五两银子与了金老，分付道："你父女两个将去做盘缠，一面收拾行李。俺明日清早来发付你两个起身，看那个店主人敢留你！"金老并女儿拜谢去了。鲁达把这二两银子丢还了李忠。

三人再吃了两角酒，下楼来叫道："主人家，酒钱洒家明日送来还你。"主人家连声应道："提辖只顾自去，但吃不妨，只怕是提辖不来赊。"三个人出了潘家酒肆，到街上分手。史进、李忠各自投客店去了。

只说鲁提辖回到经略府前下处，到房里，晚饭也不吃，气愤愤地睡了。主人家又不敢问他。

再说金老得了这一十五两银子，回到店中，安顿了女儿，先去城外远处觅下一辆车儿，回来收拾了行李，还了房宿钱，算清了柴米钱，只等来日天明。当夜无事。次早五更起来，父女两个先打火做饭，吃罢，收拾了。天色微明，只见鲁提辖大踏步走入店里来，高声叫道："店小二，那里是金老歇处？"小二道："金公，鲁提辖在此寻你。"金公开了房门道："提辖官人，里面请坐。"鲁达道："坐甚么！你去便去，等甚么！"金老引了女儿，挑了担儿，作谢提辖，便待出门。店小二拦住道："金公，那里去？"鲁达问道："他少你房钱？"小二道："小人房钱，昨夜都算还了；须欠郑大官人典身钱，着落在小人身上看管他哩。"鲁提辖道："郑屠的钱，洒家自还他，你放这老儿还乡去！"那店小二那里肯放。鲁达大怒，揸开五指，去那小二脸上只一掌，打得那店小二口中吐血；再复一拳，打落两个当门牙齿。小二爬将起来，一道烟跑向店里去躲了。店主人那里敢出来拦他。金老父女两个忙忙离了店中，出城自去寻昨日觅下的车儿去了。

且说鲁达寻思，恐怕店小二赶去拦截他，且向店里掇条凳子，坐了两个时辰。约莫金公去得远了，方才起身，迳到状元桥来。

且说郑屠开着两间门面，两副肉案，悬挂着三五片猪肉。郑屠正在门前柜身内坐定，看那十来个刀手卖肉。鲁达走到门前，叫声"郑屠!"郑屠看时，见是鲁提辖，慌忙出柜身来唱喏道："提辖恕罪!"便叫副手掇条凳子来，"提辖请坐。"鲁达坐下道："奉着经略相公钧旨：要十斤精肉，切作臊子，不要见半点肥的在上面。"郑屠道："使得，你们快选好的切十斤去。"鲁提辖道："不要那等腌臜厮们动手，你自与我切。"郑屠道："说得是，小人自切便了。"自去肉案上拣了十斤精肉，细细切做臊子。

那店小二把手帕包了头，正来郑屠报说金老之事，却见鲁提辖坐在肉案门边，不敢扰来，只得远远的立住，在房檐下望。

这郑屠整整的自切了半个时辰，用荷叶包了道："提辖，叫人送去?"鲁达道："送甚么! 且住，再要十斤都是肥的，不要见些精的在上面，也要切做臊子。"郑屠道："却才精的，怕府里要裹馄饨，肥的臊子何用?"鲁达睁着眼道："相公钧旨分付洒家，谁敢问他?"郑屠道："是合用的东西，小人切便了。"又选了十斤实膘的肥肉，也细细的切做臊子，把荷叶包了。整弄了一早辰，却得饭罢时候。

那店小二那里敢过来，连那正要买肉的主顾也不敢拢来。

郑屠道："着人与提辖拿了，送将府里去?"鲁达道：

"再要十斤寸软骨，也要细细地剁做臊子，不要见些肉在上面。"郑屠笑道："却不是特地来消遣我？"鲁达听得，跳起身来，拿着那两包臊子在手，睁着眼，看着郑屠道："洒家特地要消遣你！"把两包臊子劈面打将去，却似下了一阵的"肉雨"。郑屠大怒，两条忿气从脚底下直冲到顶门，心头那一把无明业火焰腾腾的按捺不住，从肉案上抢了一把剔骨尖刀，托地跳将下来。鲁提辖早拔步在当街上。

众邻居并十来个火家，那个敢向前来劝。两边过路的人都立住了脚，和那店小二也惊得呆了。

郑屠右手拿刀，左手便来要揪鲁达；被这鲁提辖就势按住左手，赶将入去，望小腹上只一脚，腾地踢倒在当街上。鲁达再入一步，踏住胸脯，提起那醋钵儿大小拳头，看着这郑屠道："洒家始投老种经略相公，做到关西五路廉访使，也不枉了叫做'镇关西'！你是个卖肉的操刀屠户，狗一般的人，也叫做'镇关西'！你如何强骗了金翠莲？"扑的只一拳，正打在鼻子上，打得鲜血迸流，鼻子歪在半边，却便似开了个油酱铺，咸的、酸的、辣的一发都滚出来。郑屠挣不起来，那把尖刀也丢在一边，口里只叫："打得好！"鲁达骂道："直娘贼！还敢应口！"提起拳头来就眼眶际眉梢只一拳，打得眼棱缝裂，乌珠迸出，也似开了个彩帛铺，红的、黑的、紫的都绽将出来。

两边看的人惧怕鲁提辖，谁敢向前来劝。

　　郑屠当不过，讨饶。鲁达喝道："咄！你是个破落户！若只和俺硬到底，洒家倒饶了你！你如今对俺讨饶，洒家偏不饶你！"又只一拳，太阳上正着，却似做了一个全堂水陆的道场，磬儿、钹儿、铙儿一齐响。鲁达看时，只见郑屠挺在地上，口里只有出的气，没了入的气，动掸不得。

　　鲁提辖假意道："你这厮诈死，洒家再打！"只见面皮渐渐的变了。鲁达寻思道："俺只指望痛打这厮一顿，不想三拳真个打死了他。洒家须吃官司，又没人送饭，不如及早撒开。"拔步便走，回头指着郑屠尸道："你诈死，洒家和你慢慢理会！"一头骂，一头大踏步去了。

　　街坊邻居并郑屠的火家，谁敢向前来拦他。

　　鲁提辖回到下处，急急卷了些衣服盘缠，细软银两，但是旧衣粗重都弃了；提了一条齐眉短棒，奔出南门，一道烟走了。

（节选自《水浒传》71 回本第 3 回）

1. 梳理文本思路

　　鲁达和李忠、史进来到潘家酒楼喝酒，正吃得尽兴，听到隔壁房里有人哭得凄凄惨惨，一打听得知金氏妇女的不幸遭遇，原来当地卖肉的郑屠户仗势欺人，强迫金翠莲为妾，还要逼迫金家偿还并不存在的卖身钱三千贯。鲁达疾恶如仇，见义勇为，先是花钱打发走了金氏父女，再痛打郑屠户，三拳将他打死，然后迅速逃离了此地。

故事情节相当完整，思维的逻辑性很强，饶有趣味。但是读后学生兴趣很浓，追问：鲁智深杀了郑屠户以后怎么样了，他逃到哪里去了，官府抓到他没有，结果如何？鲁智深他们为何来到潘家酒楼，前面情节如何？金氏妇女离开后，脱险了没有？这些都是开展猜读教学的悬念和思路。

2. 课外阅读小说前后章节

第四回情节概要：鲁达三拳打死镇关西，潜逃到了代州雁门县，恰巧遇上救助的金家父女，现与当地财主赵员外联姻。因官府行文通缉，鲁达只有在赵员外庄园处暂避。然官府搜索耳目众多，缉捕日严，为免生意外，赵员外力劝鲁达出家为僧。因为大宋法例，出家即断尘缘，从前恩怨，将一笔勾销。鲁达只好应诺。赵员外平时乐善好施，是五台山文殊禅院的大施主，故此鲁达出家之事甚为顺利。加上智真长老是得道高僧，知鲁达乃上天星宿临界，所以亲为受戒，并赐法名"智深"。鲁智深虽身入禅门，但积习难改，好酒贪杯。先是在山腰抢了小二一担酒，喝醉打人闹事。后来更下山打卖戒刀、禅杖，在酒铺吃狗肉、喝烧酒，酩酊大醉。打塌了半山亭，拆了山门金刚，打得众和尚要卷包袱走人。智真长老只好将鲁智深介绍到东京大相国寺，他师弟智清和尚处了。

3．复述课外阅读内容

引导学生合作讨论分析前后情节与节选部分情节衔接的合理性，学会构思文章情节，要体现思维的连贯性，以加强连贯思维能力培养。

从第四回内容看出，鲁达潜逃到代州雁门县，巧遇救助过的金家父女，金家父女已与赵员外联姻，鲁达得到赵家相助到五台山出家，但他生性好酒贪杯、野蛮粗暴，又惹是生非……这些情节与第三回三拳打死镇关西衔接紧凑，而且鲁达的粗鲁性格得到延续和发展，体现了情节思维的连贯性和一致性。

通过这种延伸拓展猜读教学，学生的连贯思维能力得到了较好的训练。

（三）"猜读续写、以写促读"式

通过对现有文本情节的联想和想象，合理延伸发展故事情节，以续写促进猜读的教学设计，既能加深学生对文本的理解，又能促进学生思维连贯性的发展。

以九年级课文《孔乙己》的猜读教学创新设计为例。可以选取多种角度，进行不同形式的猜读教学设计，以强化学生思维连贯性训练。

一是结合"环境描写"猜读。

结合课文第1—3段的环境描写，以"环境描写"为话题，引导学生以"咸亨酒店"为话题猜读，畅谈对小说中社会环境的理解。学生猜读想象的子话题可以是：咸亨酒店的格局、咸亨酒店的酒客、咸亨酒店的酒菜、咸亨酒店的客姿、咸亨酒店的里外、咸亨酒店的伙计、咸亨酒店的掌柜、咸亨酒店的笑声、咸亨酒店的气氛等。

原文（选段）：

鲁镇的酒店的格局，是和别处不同的：都是当街一个曲尺形的大柜台，柜里面预备着热水，可以随时温酒。做工的人，傍午傍晚散了工，每每花四文铜钱，买一碗酒，——这是二十多年前的事，现在每碗涨到十文，——靠柜外站着，热热的喝了休息；倘肯多花一文，便可以买一碟盐煮笋，或者茴香豆，做下酒物了，如果出到十几文，那就能买一样荤菜，但这些顾客，多是短衣帮，大抵没有这样阔绰。只有穿长衫的，才踱进店面隔壁的房子里，要酒要菜，慢慢地坐喝。

我从十二岁起，便在镇口的咸亨酒店里当伙计，掌柜说，样子太傻，怕侍候不了长衫主顾，就在外面做点事罢。外面的短衣主顾，虽然容易说话，但唠唠叨叨缠夹不清的也很不少。他们往往要亲眼看着黄酒从坛子里舀出，看过壶子底里有没有水，又亲看将壶子放在热水里，然后放心：在这严重的监督之下，羼水也很为难。所以过了几天，掌柜又说我干不了这事。幸亏荐头的情面大，辞退不得，便改为专管温酒的一种无聊职务了。

我从此便整天的站在柜台里，专管我的职务。虽然没有什么失职，但总觉有些单调，有些无聊。掌柜是一副凶脸孔，主顾也没有好声气，教人活泼不得；只有孔乙己到店，才可以笑几声，所以至今还记得。

猜读教学过程如下：

要求学生用"从……我看到了……"的格式对社会环境的特点进行合理猜读和推理，并做出初步判断。

生：从咸亨酒店酒客（短衣帮）的生活，我看到了半封建、半殖民地社会劳动人民生活的悲惨。

生：从咸亨酒店酒客（穿长衫的）的生活，我看到了半封建、半殖民地社会剥削阶级的养尊处优。

生：从咸亨酒店酒客的姿势，我看到了半封建、半殖民地社会阶级的对立。

生：从咸亨酒店酒客的点菜之别，我看到了半封建、半殖民地社会贫富的悬殊。

生：从咸亨酒店掌柜的所为，我看到了半封建、半殖民地社会人心的势利与冷酷。

生：从咸亨酒店的笑声，我看到了半封建、半殖民地社会人与人之间的隔膜与麻木。

二是结合人物命运猜读。

结合小说后三段，以"孔乙己的结局"探索为话题，引导学生结合被打折了腿的孔乙己，猜测"不一会，他喝完酒，便又在旁人的说笑声中，坐着用这手慢慢走去了"之后怎么样了？

【教学设计示例二】

《孔乙己》原文（后三段）：

中秋过后，秋风是一天凉比一天，看看将近初冬；我整天的靠着火，也须穿上棉袄了。一天的下半天，没有一个顾客，我正合了眼坐着。忽然间听得一个声音，"温一碗酒。"这声音虽然极低，却很耳熟。看时又全没有人。站起来向外一望，那孔乙己便在柜台下对了门槛坐着。他脸上黑而且瘦，已经不成样子；穿一件破夹袄，盘着两腿，下面垫一个蒲包，用草绳在肩上挂住；见了我，又说道，"温一碗酒。"掌柜也伸出头去，一面说，"孔乙己么？你还欠十九个钱呢！"孔乙己很颓唐的仰面答道，"这……下回还清罢。这一回是现钱，酒要好。"掌柜仍然同平常一样，笑着对他说，"孔乙己，你又偷东西了！"但他这回却不十分分辩，单说了一句"不要取笑！""取笑？要是不偷，怎么会打断腿？"孔乙己低声说道，"跌断，跌，跌……"他的眼色，很像恳求掌柜，不要再提。此时已经聚集了几个人，便和掌柜都笑了。我温了酒，端出去，放在门槛上。他从破衣供袋里摸出四文大钱，放在我手里，见他满手是泥，原来他便用这手走来的。不一会，他喝完酒，便又在旁人的说笑声中，坐着用这手慢慢走去了。

自此以后，又长久没有看见孔乙己。到了年关，掌柜取下粉板说，"孔乙己还欠十九个钱呢！"到第二年的端午，又说"孔乙己还欠十九个钱呢！"到中秋可是没有说，再到年关也没有看见他。

我到现在终于没有见——大约孔乙己的确死了。

根据连贯思维的特点，故事情节应该合理延伸，符合人物命运发展的逻辑，引导学生展开合理联想和想象，可以围绕这样的子话题开展探究：他会去什么地方，遇到了什么样的人，他所处的自然环境和社会环境，他的腿伤情况，最后他的结局等。

猜读教学过程如下：

师：要求学生以"我看到文中这一表象：……，从中猜度推理出孔乙己……的命运和结局"，联想和想象要合情合理，逻辑性强，与前文情节保持一致性和连贯性。

生：我看到文中这一表象：孔乙己所处的时代和社会短衣帮（贫苦人民）嘲笑比自己更不幸的人，从中看出当时社会的冷酷无情、世态炎凉，孔乙己结局一定很悲惨。

生：我看到文中这一表象：孔乙己腿被打断了但还不

承认，"跌断，跌，跌……"从中看出孔乙己这个封建社会下层知识分子因为死要面子，不会去乞求别人，结局只可能是悲惨地死去。

生：我注意到文中这一表象：自此以后，长久没有见到孔乙己了，甚至连续几年过年都没有出现，从中看出孔乙己腿被打折了而又穷困潦倒死要面子，他的结局一定是已经死了。

生：我注意到这一表象：将近初冬，天气寒冷，需要穿棉袄，而此时的孔乙己只穿一件破夹袄，人又黑而且瘦，打断了腿，从中看出孔乙己熬不过寒冬，应该是必死无疑。

第四节　创造思维与思辨阅读教学

传统语文教学注重知识的传授，素质教育强调能力的培养和学法的指导，但是仍然偏重知识结论的给予，特别是在应试教育的环境下，语文教学片面追求高分，在阅读教学中，强调标准答案，长期以来，学生语文学习中的思维独特性被忽略、抑制，学生俨然成了流水线上的产品，缺乏创造性和个性。因此，语文"新思维理论"提出了思维的四重性，包括整体性、同步性、连续性和独特性，特别是独特性强调人的思维具有独特个性，与众不同，独一无二，正因为思维具有独特性，语文新课程理念和语文学科核心素养的要求，都强调思维发展与提升的重要性，要求在语文教学中注重培养学生阅读理解的个性化、独创性和有创意地表达。所谓阅读个性化、独创性与有创意地表达，就是语文思维创造性的表现，这就要求，在阅读教学中要加强创造性思维培养，培养学生的创新思维和能力。

所谓创造性思维，就是发散思维（亦称求异思维）和批判思维等思维形式的集中表现。创造性思维要求在阅读教学中，要引导学生自主探究，发挥个体思维的独特性，结合自身与众不同的生活经历和人生体验，通过思维的发散、反思、质疑等方法，探求问题解决的多种途径和策略，对固有思维、现成结论进行反思与质疑，发现更加科学有效的解决路径和方法，这些以思维训练为核心的语文阅读教学，我们称之为思辨性阅读教学，是一种全新的阅读教学思路和策略。

思辨性阅读教学是一种创新的教学策略，如何进行教学设计，可以根据思维训练的不同要求以及不同类型文本阅读教学的特点来考量。从思维训练的维度，可以把思辨性阅读划分为发散思维（或求异思维）与批判思维两种类型。如果从文本角度，可以从小说与散文或者现代文与文言文再或者人物与事件等不同角度分类设计构建教学的基本模式和策略。

为了阐述方便起见，下面分别就发散思维和批判思维的教学创新设计进行分析和举例，为创造性思维训练提供有效的思路和策略，建构相应的实践模式。由于笔者经验和水平所限，所举教学创新案例仅供参考。

一、批判思维与思辨阅读教学设计

语文新课改实施十几年来，课堂教学已经形成了一种基本模式，在课堂结构上呈现"三部曲"，即整体感知、问题探究和语言品味，这种模式是符合阅读认知规律和思维发展规律的，由整体到局部，由浅入深，由表及里。但是，这种阅读教学模式如何结合思维训练培养学生的思维能力，落实核心素养的要求，真正促使学生能够在语文阅读和写作中绽放思维的火花，体现自己思维的独特性，读出自己个性化的理解，能够有创意地表达自己的思想和情感，尚无可以借鉴的教学模式。为此，笔者在"新经验语文教学"（详见笔者专著《新经验语文教学》，云南人民出版社 2017年6月版）模式的基础上，创造性地构建了"新思维理论"，明确提出"思维的独特性"，以此理论为指导，加强语文阅读教学中的思维独特性训练，从而构建以创造性思维训练为目的的语文教学创新模式。具体来说，要结合新课程语文课型三个环节（整体感知—问题探究—语言品味）开展新模式的建构。重点是结合整体感知环节训练批判思维，结合问题探究环节训练发散思维，逐步形成创造性思维训练的阅读教学创新设计模式。由于各个环节解读的思维特点不是单一的，可能同时运用到发散和批判思维，为了阐述方便起见，下文将把发散思维和批判思维的教学设计分别进行阐述。

整体感知环节重点是对阅读文本进行宏观把握，涉及思想内涵、主要事件、人物评价、情节发展等，由于阅读文本的文体特点有别，整体感知的内容也各不相同。叙述类文本如小说、叙事散文等，重点感知故事情节、人物思想性格、环境特点以及主题思想等；说理类文本则侧重感知中心论点、关键论据、论证逻辑等；说明类文本整体感知的重点在于说明对象的特征、顺序及方法。由于说明类文本在内容上客观性强，侧重知识介绍和传递，一般不作为创造性思维训练的材料。

结合整体感知环节，培养学生的批判思维能力，一般可以从以下几个方面设计教学思路和方法。

第一步：理清文本思路，训练整体思维。

创造性思维培养，要以理解作者本意为前提。只有理解了作者的写作意图，把握作者力图表达的思想情感，才能在此基础上拓展新的理解思路。叶圣陶先生说："作者思有路，遵路识斯真。"又说："教师备课要在作者的思路上。"（《叶圣陶语文教育论集》，教育科学出版社1985年版），就是强调理解作者思路的重要性。理解作者的思想轨迹和情感态度，是开展创造性思维培养的第一步，是创造性解读的基础。这也是整体思维训练的重要策略和方法。

具体来说，就是先要把握文本的整体结构，如情节发展阶段、人物性格、环境特点、主题思想等，可以采用讲故事、复述文本、概括内容和梳理思维导图等方法。这样，在整体思维训练的同时，就能较好地感知到作者的写作意图。

第二步：选准疑点切口，拓展解读路径。

在充分理解文本作者写作意图的基础上，引导学生另辟蹊径，大胆质疑，探求新的解读思路，结合学生自身生活经历和时代特点，获得全新的理解和认知。首先要善于选取设疑、质疑切口，这样才能引导学生发散思维，对文本原有解读提出质疑。可以从情节、人物、环境、主题等各个角度对文本的固有理解发起质疑。其次，要联系个人生活经历和时代特点，重新审视设定的质疑点，并且积极开展合作讨论，共同探究，争取阅读共识，形成新的解读观点。

当然，无论采用什么思维理解文本，都要紧扣文本，从阅读中展开思维，言之有理，持之有据，读出新的理解和感悟。不能脱离文本、凭空想象、主观臆断，否则那样的解读就是空中楼阁，虚无缥缈。

第三步：整合新的观点，形成感知亮点。

在自主、合作探究得到新理解和新观点的基础上，学生展开辩论，各抒己见，畅所欲言。通过思辨，集思广益，达成共识，再进行提炼梳理，形成整体感知结论，这就是阅读教学亮点。学生创造性思维能力在这种解读过程中得到有效训练和提升。

【教学设计示例一】

从情节入手，训练批判思维。

通过整体感知文本故事情节，选准质疑切入点，引导学生逆向思维，寻找不同传统理解的思路，并且结合时代特征和自己的生活经历，获得新的理解和认知，从而丰富对文本的解读，深化对人物、主题等思想内涵的认识，培养学生逆向思维和质疑思辨的能力。

《社戏》思辨阅读教学设计
（局部情节阅读教学）

原文（片段）：

离平桥村还有一里模样，船行却慢了，摇船的都说很疲乏，因为太用力，而且许久没有东西吃。这回想出来的是桂生，说是罗汉豆正旺相，柴火又现成，我们可以偷一点来煮吃。大家都赞成，立刻近岸停了船；岸上的田里，乌油油的都是结实的罗汉豆。

"阿阿，阿发，这边是你家的，这边是老六一家的，我们偷那一边的呢？"双喜先跳下去了，在岸上说。

我们也都跳上岸。阿发一面跳，一面说道，"且慢，让我来看一看罢，"他于是往来的摸了一回，直起身来说道，"偷我们的罢，我们的大得多呢。"一声答应，大家便散开在阿发家的豆田里，各摘了一大捧，抛入船舱中。双喜以为再多偷，倘给阿发的娘知道是要哭骂的，于是各人便到六一公公的田里又各偷了一大捧。

我们中间几个年长的仍然慢慢的摇着船，几个到后舱去生火，年幼的和我都剥豆。不久豆熟了，便任凭航船浮在水面上，都围起来用手撮着吃。吃完豆，又开船，一面洗器具，豆荚豆壳全抛在河水里，什么痕迹也没有了。双喜所虑的是用了八公公船上的盐和柴，这老头子很细心，一定要知道，会骂的。

然而大家议论之后，归结是不怕。他如果骂，我们便要他归还去年在岸边拾去的一枝枯柏树，而且当面叫他"八癞子"。

"都回来了！那里会错。我原说过写包票的！"双喜在船头上忽而大声的说。

我向船头一望，前面已经是平桥。桥脚上站着一个人，却是我的母亲，双喜便是对伊说着话。我走出前舱去，船也就进了平桥了，停了船，我们纷纷都上岸。母亲颇有些生气，说是过了三更了，怎么回来得这样迟，但也就高兴了，笑着邀大家去吃炒米。

大家都说已经吃了点心，又渴睡，不如及早睡的好，各自回去了。

第一步：整体感知。

1. 学生自读，整体思维

（1）用自己的话讲故事：小伙伴看戏归来偷吃罗汉豆的故事。

（2）梳理故事情节：

开端（看戏归来，饥肠辘辘，桂生提议偷豆吃）—发展（双喜、阿发等讨论并偷摘罗汉豆）—高潮（船上剥豆、煮豆、吃豆）—结局（讨论应对八公公及母亲迎接回家）。

（3）这个情节的写作意图是什么？

主要意图（中心）：一是表现儿时平桥村生活充满乐趣，带给"我"很多快乐，难以忘怀；二是感受到小伙伴的真挚情意，很温暖，很美好；三是陶醉在大自然的环境里，感到新鲜、刺激，很享受；四是没有了城镇里读书的单调枯燥和束缚，沉醉在轻松快乐的玩乐之中。

（4）表现了人物怎样的思想性格？

桂生：机灵。

如：这回想出来的是桂生，说是罗汉豆正旺相，柴火又现成，我们可以偷一点来煮吃。

双喜：聪明、考虑问题周到、有主见。

①"阿阿，阿发，这边是你家的，这边是老六一家的，我们偷那一边的呢？"双喜先跳下去了，在岸上说。（聪明）

②双喜以为再多偷，倘给阿发的娘知道是要哭骂的，于是各人便到六一公公的田里又各偷了一大捧。（周到）

③双喜所虑的是用了八公公船上的盐和柴，这老头子很细心，一定要知道，会骂的。（周到）

④"都回来了！那里会错。我原说过写包票的！"双喜在船头上忽而大声的说。（主见）

阿发：憨厚、淳朴。

阿发一面跳，一面说道，"且慢，让我来看一看罢，"他于是往来的摸了一回，直起身来说道，"偷我们的罢，我们的大得多呢。"

2. 梳理感知，归结观点

一是中心思想。通过叙述小伙伴看社戏归航途中偷吃罗汉豆的故事，主要表达了对儿童快乐生活的向往和对小伙伴纯真友情的怀念。

二是人物形象。这些语言、动作描写，生动形象地表现了小伙伴优秀的性格品质，他们对"我"的真挚友情，流露在字里行间，凝聚在偷吃罗汉豆的每一个细节里，使小伙伴的形象栩栩如生、跃然纸上。

第二步：质疑思辨。

说明：上述对文本情节、中心和人物的理解是比较传统的，符合编者和作者的意图，对于阅读考试也能应付自如。这些都是从肯定的角度，正面解读和评价平桥村的这一群小伙伴们，是一种固定思维的结果，也就是所谓的"标准答案"。但是如果对这些内容运用批判思维进行反思和质疑，引导学生拓宽视野，独辟蹊径，可能会绽放思想的火花，得出全新的解读，呈现阅读教学创新的魅力，展示别样的风采。拓展解读路径可以从情节、人物、细节等多个维度展开。

从情节入手质疑人物形象：

1．复述故事，整体感知

（1）情节中哪些环节不符合当下时代特征了？

（2）小伙伴的哪些行为存在应该质疑的地方？

（3）小伙伴的性格有哪些优缺点？

情节一：离平桥村还有一里模样，船行却慢了，摇船的都说很疲乏，因为太用力，而且许久没有东西吃。

质疑："深夜归航"的一群小伙伴，筋疲力尽，饥肠辘辘，透露出故事的不真实性。说明这一群小伙伴缺乏安全意识，不值得肯定。原因如下：

一是当初出发前外祖母就不放心。"然而外祖母又怕都是孩子们，不可靠；母亲又说是若叫大人一同去，他们白天全有工作，要他熬夜，是不合情理的。"可见，长辈们对于一群孩子划船去看戏还是有顾虑的。

二是归来时母亲深夜在码头等候。"母亲颇有些生气，说是过了三更了，怎么回来得这样迟……"母亲生气就是担心他们的安全。

情节二：这回想出来的是桂生，说是罗汉豆正旺相，柴火又现成，我们可以偷一点来煮吃。大家都赞成，立刻近岸停了船；岸上的田里，乌油油的都是结实的罗汉豆……大家便散开在阿发家的豆田里，各摘了一大捧，抛入船舱中……于是各人便到六一公公的田里又各偷了一大捧。

质疑：偷吃罗汉豆虽然是儿童行为，但毕竟是偷，而且害怕大人发现，偷了阿发和六一公公两家的豆，反映小伙伴不诚实、缺乏担当和对粮食不珍惜的性格弱点。从以下细节可以看出：

一是没有主动告知长辈，遭到六一公公的责怪。

"双喜，你们这班小鬼，昨天偷了我的豆了罢？又不肯好好的摘，蹋坏了不少。"

二是回到平桥村对母亲撒谎。"大家都说已经吃了点心，又渴睡，不如及早睡的好，各自回去了。"

情节三：吃完豆，又开船，一面洗器具，豆荚豆壳全抛在河水里，什么痕迹也没有了。

质疑：为了掩盖偷吃罗汉豆的真相，把豆荚豆壳全抛在河水里，表现他们性格上的两方面不足：一是破坏了环境，污染了河水；二是没有担当，不够诚实，做了错事不敢面对。

情节四：双喜所虑的是用了八公公船上的盐和柴，这老头子很细心，一定要知道，会骂的。然而大家议论之后，归结是不怕。他如果骂，我们便要他归还去年在岸边拾去的一枝枯柏树，而且当面叫他"八癞子"。

质疑：为了煮吃罗汉豆，用了八公公船上的油和盐，却不愿意表示感谢，要隐瞒，并且如果八公公追究，就要当面叫他"八癞子"。反映小伙伴不懂理解，不尊敬长辈，也不懂得感恩，显得顽皮淘气。

2. 整合归纳，总结人物

平桥村的小伙伴为了帮助"我"实现看社戏的愿望，夜航赵家庄，看戏归来偷吃罗汉豆请客，反映了小伙伴许多优良品质：热情好客、淳朴善良、聪明机灵、考虑周到。但是，他们身上也流露了不良习气：缺乏安全意识，知错不改，缺乏担当，没有环保意识，不珍惜粮食，对长辈不敬等。

第三步：总结归纳。

当然，作为一群孩子，有这些小缺点是不会被大人上纲上线的，那种孩子的幼稚、单纯、顽皮，有时还是可爱的。瑕不掩瑜，他们这些性格上的缺点不至于掩盖他们真诚善良、热情好客、淳朴憨厚、聪明能干等优点，但缺点毕竟是缺点。把人物形象两个方面都表现出来，使人物形象更真实、丰满，跃然纸上，更有表现力，使文学作品更加接近生活，更有表现力和感染力。

传统的解读方法，只突出小伙伴优秀的品质，这种教学引导是不全面也不客观的，不符合当下新课改理念和核心素养的要求。而这种批判性的思辨解读，更加客观、真实地树立了人物正面、立体化形象。小孩子有缺点是正常的，没有缺点反而不真实。开展基于批判思维训练的思辨阅读教学设计，有效地训练了学生的批判思维能力，学生阅读理解的兴趣更浓了，阅读理解能力得到了发展。

【教学设计示例二】

着眼人物质疑，深化思辨阅读。

通过重点整体感知人物形象，引导学生对人物和主题进行侧向思维和逆向思维，突破传统教学解读的屏障，要求学生敢于质疑，多角度解读，获得更加全面而深刻的感受，把传统课文中的精神内涵和时代特征，以及学生自己的生活经历融合起来，与时俱进，拓宽解读路径，实现旧文新读、经典新解的目的，通过思辨阅读训练，培养学生的创造性思维能力。

《愚公移山》思辨阅读教学设计
（全文整体阅读）

原文：

太行、王屋二山，方七百里，高万仞。本在冀州之南，河阳之北。

北山愚公者，年且九十，面山而居。惩山北之塞，出入之迂也。聚室而谋曰："吾与汝毕力平险，指通豫南，达于汉阴，可乎？"杂然相许。其妻献疑曰："以君之力，曾不能损魁父之丘，如太行、王屋何？且焉置土石？"杂曰："投诸渤海之尾，隐土之北。"遂率子孙荷担者三夫，叩石垦壤，箕畚运于渤海之尾。邻人京城氏之孀妻有遗男，始龀，跳往助之。寒暑易节，始一反焉。

河曲智叟笑而止之曰："甚矣，汝之不惠。以残年余力，曾不能毁山之一毛，其如土石何？"北山愚公长息曰："汝心之固，固不可彻，曾不若孀妻弱子。虽我之死，有子存焉；子又生孙，孙又生子；子又有子，子又有孙；子子孙孙无穷匮也，而山不加增，何苦而不平？"河曲智叟亡以应。

操蛇之神闻之，惧其不已也，告之于帝。帝感其诚，命夸娥氏二子负二山，一厝朔东，一厝雍南。自此，冀之南，汉之阴，无陇断焉。

（该文出自《列子·汤问》，此书由战国前期列御寇所辑注，里面具有许多民间故事、寓言和神话传说。）

译文：

太行、王屋两座大山，四周各七百里，高七八百千丈。本来在冀州的南部、黄河北岸的北边。

北山脚下有个叫愚公的人，年纪将近九十岁了，面对着山居住。愚公苦于山北面道路阻塞，进进出出曲折绕远。于是愚公便召集全家人来商量说："我和你们尽全力铲平险峻的大山，使它一直通到豫州南部，到达汉水南岸，好吗？"大家纷纷表示赞同他的意见。愚公的妻子提出疑问说："凭你的力量，连魁父这座小丘都铲平不了，又能把太行、王屋这两座山怎么样呢？况且把土石放到哪里去呢？"大家纷纷说："把土石扔到渤海的边上，隐土的北面。"愚公于是带领儿子、孙子和能挑担子的三个人，凿石挖土，用箕畚装土石运到渤海的边上。邻居姓京城的寡妇只有一个儿子，刚七八岁，却蹦蹦跳跳地去帮助他们。冬夏换季，才往返一次。

河曲的智叟笑着阻止愚公说："你真是太不聪明了。凭你残余的岁月剩余的力气，连山上的一根草木都动不了，又能把泥土和石头怎么样呢?"愚公长叹一声说:"你思想顽固,顽固到不能改变的地步,连寡妇孤儿都不如。即使我死了,还有儿子在呀;儿子又生孙子,孙子又生儿子;儿子又有儿子,儿子又有孙子;子子孙孙没有穷尽的,可是山不会增高加大,为什么还担心挖不平呢?"智叟无言而对。

山神听说了这件事,怕他不停地挖下去,向天帝报告了这件事。天帝被他的诚心感动,命令夸娥氏的两个儿子背走了两座山。一座放在朔方东部,一座放在雍州南面。从此,冀州的南部,直到汉水的南岸,没有山冈阻隔了。

教学目标:

1. 理解故事寓意,分析情节、人物形象,训练整体思维。

2. 学习对比、衬托手法,评价愚公精神,培养思辨阅读能力。

3. 学习多种朗读方法,学会积累重要字词知识。

教学设想:

1. 教学重点:把握寓意,梳理情节,训练整体思维和发散思维;学会运用批判思维进行思辨阅读,多角度评价人物形象。

2. 教学难点:对愚公形象的评价和质疑思辨能力

训练。

    3．教学方法：朗读、讨论、导析。

    4．教学课时：2 节。

课前准备：

1．学生反复朗读、熟悉课文，借助工具书认识生字词；有条件的从网上查阅有关作者、《列子》的资料，以备课堂交流。

    2．教师查阅、准备有关作者、作品的资料。

教学过程：

第一课时

第一，导入新课。

俗话说：条条道路通罗马。可是有个耄耋老人，却偏偏要钻牛角尖，和家门口的两座大山较劲，想把大山挖掉，开辟出一条平坦的大道来，我们来了解一下这件事的真相，发表我们的看法，或者为老人参谋参谋，看看能否找到更好的解决思路。（为开展批判思维和质疑思辨阅读训练做好铺垫）

今天我们就来学习选自《列子》的课文《愚公移山》，从古人对待困难的事例中汲取人生的智慧。

第二，学生介绍作者、作品。

学生根据预习时查到的资料，简单介绍作家、作品，学生互相补充完善资料。

参考资料：《列子》，相传为战国时期的列御寇所著。

原作早已不见，今本《列子》八篇，从它的思想内容和语言使用看来，可能是晋人的作品。它的内容多是民间故事、寓言和神话传说等，其中有许多故事直到今天还脍炙人口，由这些故事还形成了不少成语，如杞人忧天、朝三暮四、歧路亡羊等。

第三，朗读课文，熟读成诵。

要求学生课前反复朗读，并借助工具书通译全文。为梳理文脉、感受人物、理解寓意做准备。这种朗读训练，让学生熟读成诵，也基本消除文字对理解文意的障碍。

第一轮朗读：慢读全文（咬文嚼字。要求读准字音，读顺语句，为理解文意打基础）。

师生、生生就生字词读音、停顿等质疑、纠正。具体内容不展示。

第二轮朗读：快读全文（行云流水。要求学生快速朗读，但要字音清晰，节奏鲜明，读速唯快为好。训练学生朗读文言文的流畅度，有助于理解文章的意思）。

通过两轮朗读，学生读得朗朗上口，加上预习准备，文章的大意已经胸中有数了。可以选一两位学生大声展示，检查朗读效果。或者全班齐声朗读，营造氛围。

第四，积累字词，疏通文义。

第一步：学生就疑难字、词、句质疑，互相答疑解惑。

第二步：师生共同梳理重要字词知识，并通译全文。

选出学生代表进行全文翻译。

补充注释的字词：

① ［面山而居］面：面对。

② ［损魁父之丘］损：减少、削减。

③ ［叩石垦壤］垦：挖。

④ ［曾不能毁山之一毛］曾：简直。

⑤ ［曾不若孀妻弱子］曾：竟然。

⑥ ［而山不加增］加：增加。

⑦ ［寒暑易节，始一反焉］反：通"返"，返回。

⑧ ［甚矣，汝之不惠］惠：通"慧"，聪明。

⑨ ［河区智叟亡以应］亡：通"无"，没有。

重点关注的句子：

1. 聚室而谋。——（愚公）召集了（全家人）在家里商量。（省略句）

2. 杂然相许。——（全家人）纷纷表示赞同。（省略句）

3. 如太行、王屋何？——能把太行山王屋山怎么样呢？（固定句式）

4. 遂率子孙荷担者三夫。——于是率领三个能挑担子的子孙。（定语后置句）

5. 甚矣，汝之不惠。——你太不聪明了。（主谓倒装句。对比"起来，不愿做奴隶的人们"，理解倒装句的强调作用）

6. 何苦而不平？——愁什么挖不平呢？（宾语前置句）

7. 帝感其诚。——天帝被他的诚心感动了。（被动句）

说明：以上句子牵涉到多种文言文特殊句式，但由于学生刚接触到文言文，只要讲清其特殊之处、现代汉语中怎么表达即可。

第五，整体感知，理解寓意。

学生讲故事或者复述全文内容，让学生熟悉故事内容，培养整体思维能力。对讲故事和复述课文进行方法指导。讲故事：抓住六要素，即时间、地点、人物、事件的起因、事件的经过和事件的结果。如果是小说，就要抓住情节的四个阶段进行整体把握：开端—发展—高潮—结局。

对于寓意的理解，可以仁者见仁，智者见智，不必强求统一认识。

例如：

1. 愚公作为劳动人民的代表。面对两座大山，敢于挑战，不畏艰难，表现出征服大自然的勇气和伟大气魄。

2. 在愚公和智叟的对比中，告诉人们，无论面对任何困难，只要有恒心和毅力坚持做下去，就能取得最后的胜利。

3. 表现人们征服自然的理想，赞美人们为追求理想而坚持不懈的奋斗精神。

教师引导：当然，由于时代和环境的差异，读者对寓意的理解会有差异，甚至大相径庭。作者列子的真正意旨何在，不得而知。但这并不重要，因为任何作品都是作者主观意愿的反映，读者解读只要结合当下时代特征和个人的生活阅历、经验，读出自己的理解，并且言之成理即可。这其实就是创造性思维在阅读中的体现。

第六，朗读体会人物感情。

首先，第三轮朗读：表情朗读（抑扬顿挫，充满情感）。学生自由大声朗读，要求读出各人物的不同感情。

其次，运用添加修饰语的方法，揣摩人物说话的语气和感情。

学生讨论：对比以下带"曰"字的句子，可以在"曰"字前加上什么样的状语，应该用哪种语气来读"曰"字后的对话？

1. 聚室而谋曰。

2. 其妻献疑曰。

3. 杂曰。

4. 河曲智叟笑而止之，曰。

5. 北山愚公长息曰。

师生总结：

1. 愚公召集全家人商议，态度应该是诚恳的，"曰"字前可加上"诚恳"等词，要突出商量的口吻。

2. 愚公的妻子虽然也同意移山，但她信心不足，还有一些担心和疑虑，"曰"字前可以加上"担心""犹豫"等词，要读出她担心、犹豫的心理。

3．众人的回答，观点一致，态度坚定，"曰"字前应该加上"坚定""异口同声"等词，对话语气要肯定坚决。

4．河曲智叟对愚公移山的做法不但不理解、不支持，而且还有嘲笑讽刺的意味，"曰"字前可以加上"不屑""嘲笑""讽刺"等词语，强化其嘲笑的口气。

5．愚公的回答是对智叟的叹息和对自己的坚定不移，"曰"字前可以加上"叹息而又坚定"等词语，要读得充满信心，语气坚定。

以上是一家之言。在具体教学中，可以引导学生表达独特的感受和理解，只要言之有理就应该肯定。（训练发散思维和个性化表达能力）

最后，学生自由朗读课文，深化理解课文。

第七，课外作业。

1．朗读并背诵课文中愚公与智叟的话。

2．解释"阅读练习探究"第四题，掌握其中的词语。

第二课时

第一，导入示例。

上节课我们对《愚公移山》这篇课文进行了初步探究，相信同学们对这篇课文都有许多自己的感受和独到见解。这节课我们就来交流这些感受和观点，在思想的天空尽情翱翔吧！

第二，研读课文，评价人物。

一是集体表情朗读或背诵课文一遍。

二是研讨问题，探究主题。

1．研讨问题，思维发散

这篇课文的内容比较简单，主要写愚公移山的故事。你认为愚公移山会成功吗？

学生围绕这个问题分小组讨论，形成自己的看法，推选代表发言讨论，要求有理有据。

学生可能出现的看法：

（1）愚公移山一定会成功。

理由是：①愚公决心大；②能坚持不懈；③全家齐上阵；④有邻居相助；⑤山不会再增高；⑥愚公的子子孙孙是无穷尽的。

（2）愚公移山是不可能成功的。

愚公虽然有坚定的决心，但是他们移山的力量实在是太小了：①工具简陋，只有锄头、箕畚之类；②人数太少，只有自己一家人和少数邻居（如智叟之类估计是不会参加挖山劳动的）；③从现代科学来看，山也不是永远不变的东西，它也有增高的可能，而这在地质上的微小变化，也会给移山带来无法克服的困难；④山里的地质情况也是复杂的，如果下面全是岩石，那就阻力巨大；⑤如果家里人都挖山，他们生活怎么办？

教师可以充分倾听学生的意见，不要忙于下结论。

2．探究主题，彰显个性

通过对上述两个问题的讨论，深化对文本主题的理解。当然主题可以是多样性的，只要言之成理即可肯定。

（1）从正面提炼

每个人都要有坚定的人生信念；团结就是力量；人生总有困难，关键是勇于面对，不畏艰难，努力去战胜它，就能获得人生的意义和价值；量变促进质变，点滴积累，就会产生巨大的能量。

（2）从反面总结

做事要从实际出发，量力而行；学会放弃，也是一种智慧；善于听取反面的意见，做出正确的抉择；要培养自己的创造性思维，换个角度看问题，也许能找到更好的解决问题的办法；要尊重规律，用发展的眼光看问题。

3．深入思考，思维拓展

问题：我们今天是否仍然需要愚公精神？为什么？

在学生充分讨论的基础上，教师总结：

愚公精神的实质是排除千难万险，不达目的决不罢休。

我们这个时代仍然需要这种精神。国家要发展，社会要进步，个人要成长，总会遇到种种艰难险阻，只有不畏艰险，勇往直前，才有可能获得成功。如果人人都只求眼前利益，安于现状，就没有我们国家现在繁荣昌盛的局面、时代的发展、人类的进步。

因此，我们应该继续发扬愚公精神。

分析：任何一个文本，主题都是具有多面性的。这种基于读者经验与时代特征的解读是语文新课程理念的要求和学科核心素养的要求，应该引起语文教师的重视。

第三，结合文本，评析人物。

课文似乎在告诉读者：愚公并不愚蠢，智叟并不聪明。那么到底怎么评价愚公和智叟？我们从文本中去探求答案，表达我们的观点，阐述我们的解读和依据。一定要做到观点鲜明，持之有据，言之成理。

讨论话题：愚公真的不"愚"吗？智叟的确不"智"吗？

组织学生合作讨论，形成小组共识，在此基础上，师生共同总结：

观点一：愚公不"愚"，其理由如下。

1. 愚公具有发展的眼光。他认为"子子孙孙无穷匮也"，世世代代繁衍生息，坚持不懈，就有希望成功，"何愁而不平呢"？

2. 愚公具有乐观主义精神。虽然两座大山令人生畏，但愚公毫无畏惧，坚信子孙无穷尽，而山不加增，最终一定会成功。结果告诉我们，他成功了。

3. 愚公具有征服大自然的坚强毅力和伟大气魄。"年且九十"，"遂率子孙荷担者三夫，叩石垦壤，箕畚运于渤海之尾……"，"寒暑易节，始一反焉"。耄耋之年，还敢于向大自然挑战，勇往直前。

4. 愚公具有目标明确、信念坚定。他不畏妻子的质疑和智叟的嘲笑讽刺，始终不渝。

5. 愚公坚信量变可以发生质变。他认为，"子子孙孙无穷匮也，而山不加增，何苦而不平呢"？这也体现了符合人的认识规律。

当然，学生的观点还一些小众的，就不再罗列。

观点二：愚公确"愚"，证据充分。

1. 愚公不自量力。他已"年且九十"，孀妻遗男"始龀"，仅凭老弱病残的"三夫"，怎可能撼动"方七百里，高万仞"的太行王屋二山呢？

2. 愚公贻误子孙。如果子子孙孙都去挖山，生命还有什么意义？应该让子孙获得更好的发展，去做更加有意义的事情，实现人生的价值。

3. 愚公缺乏常识。他不懂得地质运动的特点，山也不是一成不变的，也会随着地质运动而增高，况且复杂的地理情况，他并不了解，假如山下都是坚硬的岩石，即便世世代代挖山不止，也无济于事。

4. 愚公思维僵化。他没有从实际出发、换个角度思考问题。面对大山，出路很多。可以移民山外，换个生活环境；可以垦荒种地，绿化荒山，把山变成金山银山；可以因地制宜，发展畜牧业、农家乐，创造美好生活；可以开发生态旅游资源，造福人类，建设美丽家园。

5. 愚公固执己见。当妻子和智叟劝阻和讽刺的时候，也应该反思移山的做法是否可行，能否找到更好的解决问题的办法。

6. 愚公劳民伤财。他让子子孙孙移山不止，况且工具简陋，仅凭锄头、箕畚移山，确属劳民伤财，没有经济头脑，得不偿失。

当学生的思维开启，新观点就会层出不穷，课堂气氛异常热烈，师生互动，生生互动，高潮迭起，瞬间点燃学生的激情和思想的火花。

接下来关于智叟的讨论就更加火爆了。

1. 智叟直言规劝。"甚矣，汝之不惠"看似难听，实则忠言逆耳，若非真心规劝，何必如此直截了当呢？智叟的"笑而止之"未尝不是善意的表达呢？

2. 智叟实事求是。"以残年余力，曾不能毁山之一毛。"这纯属实话实说，甚至还不乏善意，认为愚公应该老有所为、老有所乐。这是实事求是的观点。

3. 智叟头脑清醒。当愚公提出移山的想法，竟然"杂然相许"，虽然"其妻献疑"，却没有力度，而智叟明确反对，态度坚决："其如土石何？"

4. 智叟有先见之明。最终移山并非愚公及子孙所为，而是外力的结果。"帝感其诚，命夸娥氏二子负二山。"显然，这种神话结尾，证明了靠人力移山是不现实的。也体现了智叟的先见之明。

在传统解读中，智叟是作为反面形象被否定和批评的，但在学生的理解上，智叟也大有可取之处。这正是个性化解读和创造性思维运用的成效。

第四，朗读课文。

表情朗读，注意人物的语气和态度，以加深对人物思想性格的认识和理解。

第五，总结全文。

第一步：学生结合故事理解和人物评价，谈学习感受。

引导学生认识到文本是作者主观思想的反映，打上了作者思想、情感和态度的烙印。阅读文本，可以从多个角度考量：作者的本意，编者的意图，读者的理解。

要让学生认识到，结合自身的人生阅历、生活经验和当下时代特征解读文本，独特解读，个性化表达，是新课改理念和核心素养赋予我们的任务，也是阅读的本质意义所在。

第二步：师生共同总结本文的主旨和人物形象。

体现主题的多样性、人物评价的立体化。只要言之成理、持之有据，就应该得到肯定。一种共同的认识就是：愚公确有"愚"的一面，智叟也有"智"的一面。

至此，教学目的就基本达成。

第六，布置作业。

1. 翻译全文。

2. 自选角度，写一篇评价文章《愚公移山带给我的思考》或《我眼里的愚公或智叟》，字数 300 以上。

二、发散思维与思辨阅读教学设计

语文新课改理念倡导"自主、合作、探究"的学习方式，在课堂教学中要充分体现学生主体性和教师的引导作用。据此形成的新课改课堂教学模式中，问题探究成为在整体感知文本基础上深入学习的重要环节。而需要探究的问题，又是把握文本主题和学习语言的关键，也是进行发散思维培养的重要路径。语文教师应该引导学生结合自己的生活经历、感受以及当下时代特征，训练发散思维，主动探究，力求实现对文本内涵与语言的个性化解读与训练，不要拘泥于传统解读以及作者和编者的意图，要有学生自己的独特认知和感悟，有创意地理解文本思想感情和写作技巧。

结合问题探究环节开展发散思维训练，进行教学设计创新是关键，具体的教学设计思路可以从以下几个方面着手。

第一步：整体感知，训练思维整体性。

按照不同类型文本的文体特点，引导学生建构阅读知识体系，搭建思维导图，学会整体把握文本内容与思想情感。叙事类文本（如小说）抓住三要素，即人物、情节、环境，具体以情节发展为思维线索，把握人物的各种表现和环境描写特点，进而理解文本的主题和语言表达艺术等知识内容，形成叙述类文本解读思维导图。说明类文本就要抓住说明对象、特征、顺序、方法等要素，以说明顺序为主线，把握作者介绍的对象特征以及使用的说明方法和语言特征等，建构说明文解读思维导图。说理类文本则要紧扣论点、论据、论证三要素，以论证逻辑结构为主线，理清论点、论据、论证方法及语言特点等，形成议论文解读的思维导读。

这个环节的目的是整体把握文本，培养整体思维能力，找到深入解读的切入点，进而开展问题探究，训练发散思维能力。不同类型文本生疑质疑的切入点各不相同，说明文重在人物，说明文的关键是事物特征，议论文侧重论证过程等，选准了质疑切入点，是开展问题探究、培养发散思维能力的关键。

第二步：探究问题，训练发散思维。

在整体感知的基础上，从不同文本生疑质疑的重点入手，提出关键问题，引导学生展开发散思维，寻找解读路径，提出个性观点，寻找支撑依据和逻辑，自圆其说。基本原则就是：紧扣文本，提出观点，言之成理，持之有据。

通过对关键问题的探究，获取对文本的全新认知和理解，从而深化文本阅读，培养发散思维能力，达到创意解读、个性表达的目的。

第三步：归纳整理，培养解读个性。

学生探究得到的认知和观点，可能五花八门、精彩纷呈，要引导学生学会梳理总结，去伪存真，对于逻辑严谨、证据确凿、具有共识的观点予以补充和完善，培养学生阅读思维的独特性。

在具体教学设计上，还要依据文本类型及其特点，可在其他环节设计发散思维训练的内容，因文而异，或整体设计，或局部呈现，或拓展延伸，彰显阅读思辨性和个性化，形成发散思维训练的思辨阅读模式。

【教学设计示例一】
局部发散思维阅读教学设计

《社戏》思辨阅读教学设计（局部）

《社戏》结尾句是小说主题理解的关键句或中心句，但是不同的思维取向，得到的解读答案不尽相同。这也正是学生生疑质疑的切入点，据此设疑，可以引导学生充分发散思维，开展问题探究，深入探究文本主题，获取新的认知和理解。

小说结尾写道：

真的，一直到现在，我实在再没有吃到那夜似的好豆，——也不再看到那夜似的好戏了。

第一，结合文本，整体感知。

根据小说对平桥村充满乐趣的乡间生活（如钓虾、放牛、看社戏等）和看社戏途中美丽风景描写以及对偷吃罗汉豆等情节的叙写，再结合结尾一句整体理解，就会获得一般教师和编者的解读：

那夜的豆其实很普通，并没有什么特别，所看的社戏也并不精彩，而作者真正难忘的是看社戏和吃豆过程中所感受到的小伙伴的真挚友情、沿途优美的景物，难忘的是充满童真的生活经历。

这样，就把学生完全引到教师或编者的意图上去了，算是圆满完成了教学任务。一般语文教师都是这样解读的，无可厚非。这也正是生疑质疑、问题探究的切入点。

可以引导学生大胆解读，多角度理解这句话的内涵，培养学生探究问题的发散思维能力。

第二，发散思维，探究问题。

1. 设疑探究

"我"认为那天夜里吃的豆和看的戏都是最好的，是真

的吗？为什么？（抛出此问，就是为了激活学生思维，引导思维发散）

2. 发散思维

学生思维活跃，纷纷结合自身经历和体验，提出了一些新的理解思路，提出了一些新的观点。

3. 梳理观点

一是社戏真的好看，罗汉豆也真的好吃。

"我"对看戏的内容还记得非常清楚。

"在停船的匆忙中，看见台上有一个黑的长胡子的背上插着四张旗，捏着长枪，和一群赤膊的人正打仗。双喜说，那就是有名的铁头老生，能连翻八十四个筋斗，他日里亲自数过的。"

"我们便都挤在船头上看打仗，但那铁头老生却又并不翻筋斗，只有几个赤膊的人翻，翻了一阵，都进去了，接着走出一个小旦来，咿咿呀呀的唱。"

"我最愿意看的是一个人蒙了白布，两手在头上捧着一支棒似的蛇头的蛇精，其次是套了黄布衣跳老虎。但是等了许多时都不见，小旦虽然进去了，立刻又出来了一个很老的小生。"

"忽而一个红衫的小丑被绑在台柱子上，给一个花白胡子的用马鞭打起来了，大家才又振作精神的笑着看。在这一夜里，我以为这实在要算是最好的一折。"

"然而老旦终于出台了……那老旦当初还只是踱来踱去的唱，后来竟在中间的一把交椅上坐下了。……只见那老旦将手一抬，……不料他却又慢慢的放下在原地方，仍旧唱。"

不仅对戏的内容历历在目、记忆犹新，而且当小伙伴急着回家的时候，"我"还是有点不舍，戏台的美景和音乐给"我"留下了难忘的印象。

"回望戏台在灯火光中，却又如初来未到时候一般，又漂渺得像一座仙山楼阁，满被红霞罩着了。吹到耳边来的又是横笛，很悠扬；我疑心老旦已经进去了，但也不好意思说再回去看。"

小伙伴偷吃罗汉豆的情景，作者进行了生动有趣的描写，"撮着吃"中一个"撮"字把吃豆的快乐表现得淋漓尽致，他们甚至不怕八公公的责怪，足见吃豆的乐趣。

二是戏并不好看，豆其实也很普通。

"乡下人为了明天的工作，熬不得夜，早都睡觉去了，疏疏朗朗的站着的不过是几十个本村和邻村的闲汉。"

看戏的观众寥寥无几，侧面说明戏并不精彩，只有几个闲人在消磨时光。

"我不喝水，支撑着仍然看，也说不出见了些什么，只觉得戏子的脸都渐渐的有些稀奇了，那五官渐不明显，似乎融成一片的再没有什么高低。年纪小的几个多打呵欠了，大的也各管自己谈话。"

小伙伴都打不起精神，看戏的兴趣索然。

"老旦本来是我所最怕的东西，尤其是怕他坐下了唱。这时候，看见大家也都很扫兴，才知道他们的意见是和我一致的。那老旦当初还只是踱来踱去的唱，后来竟在中间的一把交椅上坐下了。我很担心；双喜他们却就破口喃喃的骂。我忍耐的等着，许多工夫，只见那老旦将手一抬，我以为就要站起来了，不料他却又慢慢的放下在原地方，仍旧唱。"

这些描写从正面和侧面两个角度表现出戏并不好看。

至于罗汉豆，作者对罗汉豆的味道和吃豆的感觉并没有什么描写，对吃豆并没有什么深刻印象，也说明其实豆还是很普通的豆。

三是反映了小伙伴渴望自由和快乐的生活。

"我"在城镇生活，天天要读书，在"三味书屋"读"秩秩斯干，幽幽南山"这类晦涩难懂的书，缺乏童年的乐趣。而以双喜为代表的小伙伴，白天也要帮助大人干农活，自然童趣不多。因此，脱离父母的管束，自由自在地去看社戏，对小伙伴来说就是最快乐、最自由的事情，就像现在的学生放假和同学一起出去玩是一样的心情。学生结合已经学过的课文《从百草园到三味书屋》和自身经历来理解，自圆其说。"我"之所以觉得"再没有吃到那夜似的好豆，也不再看到那夜似的好戏"，其实是对那夜快乐自由的生活以及小伙伴的情谊的怀念和眷恋。

四是体现了野炊和看戏的浓郁情趣。

偷吃罗汉豆，充满刺激和野趣，而且深夜归来，饥肠辘辘，因此大家抢着吃，就像学生野炊一样，同样的食物，在家里没觉得好吃，可是和同学们一起吃却津津有味；看戏其实不是目的，无论戏好看与否，他们都觉得快乐，关键在看戏的过程中感受到浓浓的友情，小伙伴都把"我"当客人对待，处处优待、照顾。

综合分析，上述四种看法其实就是两种观点：那夜的罗汉豆和社戏原本就不错，加上和小伙伴们一起偷豆、吃豆、看戏，充满情趣，更是令人回味难忘。可以对文本这样解读：豆好吃，戏也好看；小伙伴的友情更难忘。这两者不可分割。

由于思维发散，学生对文本的理解更加深刻和全面，深化了对课文主旨的理解，训练了发散思维。

第三，课后写作，个性表达。

针对文本的发散性探究，布置学生课后写作短文《社戏和罗汉豆真的那么好吃吗》，字数 300 以上。以此进一步训练学生个性化表达能力。

【教学设计示例二】

发散思维阅读教学设计。

《曹刿论战》思辨阅读教学设计（全文）

原文：

十年春，齐师伐我。公将战，曹刿请见。其乡人曰："肉食者谋之，又何间焉？"刿曰："肉食者鄙，未能远谋。"乃入见。问："何以战？"公曰："衣食所安，弗敢专也，必以分人。"对曰："小惠未徧，民弗从也。"公曰："牺牲玉帛，弗敢加也，必以信。"对曰："小信未孚，神弗福也。"公曰："小大之狱，虽不能察，必以情。"对曰："忠之属也。可以一战。战则请从。"

公与之乘，战于长勺。公将鼓之。刿曰："未可。"齐人三鼓。刿曰："可矣。"齐师败绩。公将驰之。刿曰："未可。"下视其辙，登轼而望之，曰："可矣。"遂逐齐师。

既克，公问其故。对曰："夫战，勇气也。一鼓作气，再而衰，三而竭。彼竭我盈，故克之。夫大国，难测也，惧有伏焉。吾视其辙乱，望其旗靡，故逐之。"

译文：

鲁庄公十年的春天，齐国军队攻打我们鲁国。鲁庄公将要迎战。曹刿请求拜见鲁庄公。他的同乡说："当权的人自会谋划这件事，你又何必参与呢？"曹刿说："当权的人目光短浅，不能深谋远虑。"于是入朝去见鲁庄公。曹刿问："您凭借什么作战？"鲁庄公说："衣食（这一类）养生的东西，我从来不敢独自专有，一定把它们分给身边的大臣。"曹刿回答说："这种小恩小惠不能遍及百姓，老百姓是不会顺从您的。"鲁庄公说："祭祀用的猪牛羊和玉器、丝织品等祭品，我从来不敢虚报夸大数目，一定对上天说实话。"曹刿说："小小信用，不能取得神灵的信任，神灵是不会保佑您的。"鲁庄公说："大大小小的诉讼案件，即使不能一一明察，但我一定根据实情（合理裁决）。"曹刿回答说："这才尽了本职一类的事，可以（凭借这个条件）打一仗。如果作战，请允许我跟随您一同去。"

到了那一天，鲁庄公和曹刿同坐一辆战车，在长勺和齐军作战。鲁庄公将要下令击鼓进军。曹刿说："现在不行。"等到齐军三次击鼓之后。曹刿说："可以击鼓进军了。"齐军大败。鲁庄公又要下令驾车马追逐齐军。曹刿说："还不行。"说完就下了战车，察看齐军车轮碾出的痕迹，又登上战车，扶着车前横木远望齐军的队形，这才说："可以追击了。"于是追击齐军。

打了胜仗后，鲁庄公问他取胜的原因。曹刿回答说："作战，靠的是士气。第一次击鼓能够振作士兵们的士气。

第二次击鼓士兵们的士气就开始低落了，第三次击鼓士兵们的士气就耗尽了。他们的士气已经消失而我军的士气正旺盛，所以才战胜了他们。像齐国这样的大国，他们的情况是难以推测的，怕他们在那里设有伏兵。后来我看到他们的车轮的痕迹混乱了，望见他们的旗帜倒下了，所以下令追击他们。"

注释：

①曹刿（guì）：春秋时鲁国大夫。著名的军事理论家。

②十年：鲁庄公十年（公元前684年）。

③齐师：齐国的军队。齐：在今山东省中部。师：军队。

④伐：攻打。

⑤我：指鲁国。《左传》根据鲁史而写，故称鲁国为"我"。

⑥公：诸侯的通称，这里指鲁庄公。

⑦肉食者：吃肉的人，指居高位、想俸禄的人。

⑧谋：谋议。

⑨间（jiàn）：参与。

⑩鄙：鄙陋，目光短浅。

⑪乃：于是，就。

⑫何以战：就是"以何战"，凭借什么作战？以：用，凭，靠。

⑬衣食所安，弗敢专也：衣食这类养生的东西，不敢独自享用。安：有"养"的意思。弗：不。专：独自专有，个人专有。

⑭必以分人：省略句，省略了"之"，完整的句子是"必以之分人"。一定把它分给别人。以：把。人：指鲁庄公身边的近臣或贵族。

⑮徧：一作"遍"，遍及，普遍。

⑯牺牲玉帛（bó）：古代祭祀用的祭品。牺牲：祭祀用的猪、牛、羊等。玉：玉器。帛：丝织品。

⑰加：虚报。

⑱小信未孚（fú）：（这只是）小信用，未能让神灵信服。孚：使人信服。

⑲福：名词作动词，赐福，保佑。

⑳狱：（诉讼）案件。

㉑察：明察。

㉒情：实情。

㉓忠之属也：这是尽了职分（的事情）。忠：尽力做好分内的事。属：种类。

㉔可以一战：就是"可以之一战"，可以凭借这个条件打一仗。可：可以。以：凭借。

㉕战则请从：（如果）作战，请允许（我）跟从去。从：随行，跟从。

㉖公与之乘：鲁庄公和他共坐一辆战车。之：指曹刿。

㉗长勺：鲁国地名，今山东莱芜东北。

㉘败绩：军队溃败。

㉙驰：驱车追赶。

㉚辙（zhé）：车轮碾出的痕迹。

㉛轼：古代车厢前做扶手的横木。

㉜遂：于是，就。

㉝逐：追赶，这里指追击。

㉞既克：已经战胜。既：已经。

㉟夫战，勇气也：作战，（是靠）敢作敢为毫不畏惧的气概。夫（fú）：放在句首，表示将发议论，没有实际意义。

㊱一鼓作气：第一次击鼓能振作士气。作：振作。

㊲再：第二次。

㊳三：第三次。

㊴彼竭我盈：他们的勇气已尽，我们的勇气正盛。彼：代词，指齐军方面。盈：充沛，饱满，这里指士气旺盛。

㊵难测：难以推测。测：推测，估计。

㊶伏：埋伏。

㊷靡（mǐ）：倒下。

㊸曹刿论战：选自《左传·庄公十年》。题目是（教材编写者）后加的。

【教学设计】

教学目标：

一是知识目标：

1. 积累文言文基本知识：重要实词、虚词和特殊句式的归纳梳理。

2. 学习详略得当的技巧，理解古人的政治信念和战略战术思想。

二是能力目标：

1. 注重学法指导，培养自主学习能力。

2. 学会个性解读，培养创造思维能力。

三是情感态度目标：

学习"上下同心、共赴国难"的爱国情怀。

教学创意：

1. 彰显新课改理念。引导学生以"自主、合作"的学习方式，疏通文义，理解课文内容，学会讲述故事、梳理基础知识。重在学法指导和整体思维能力培养。

2. 注重思维能力培养。打破传统串讲文言文的模式，培养学生的创新思维，体现教师引导下的"探究性"学习。

课文将曹刿和鲁庄公进行对比，意在表现曹刿的深谋远虑、谨慎果断、注重人民以及军事远见和指挥才能，突出鲁庄公的急躁冒进、迷信神灵、平庸无知等。

引导学生运用发散思维、批判思维解读评价人物，创新解读文本。

3．重视学法指导。以"导学法"引导理解文章思路；以"对比朗读法"优化朗读训练；以思维训练培养学生创意解读能力。

教学设想：

1．教法学法：对比朗读法（创新读法）、导学法、创造思维训练。

2．重点难点：思维训练（发散思维和批判思维）。

3．教学时间：2课时。

教学过程：

第一课时

主要内容：

学生自主、合作学习，疏通文义，积累基础知识，学会归纳通假字、一词多义、古今异义和特殊句式；讲述《曹刿论战》的故事，进行整体思维训练。

第一，导入新课。

鸡蛋的想象：看到一个鸡蛋，你会想到什么？

——做成食物，吃掉；考试零分；从零开始，从头再来；孵出小鸡，生命循环；画出优美线条，给人美感……

这就是发散思维，也是事物的多面性，也可以叫作哲学思维，我们可以看作是语文思维。看待人物和事情也是如此。今天我们学习《曹刿论战》，就要培养创新思维。

第二，介绍《左传》和"长勺之战"的背景。

由学生介绍，互相补充：

1.《左传》是一本什么样的书？

《左传》又称《春秋左氏传》或《左氏春秋》，是记载春秋时期各诸侯国的政治、经济、军事、外交、文化等方面情况的史书；相传是春秋时期左丘明所作；近人认为是战国时人所编；是我国第一部完整的编年体史书，是一部史学名著和文学名著。

2. 长勺之战的背景是什么？

齐与鲁是春秋时邻国，齐国较强大，鲁较较弱小。

齐襄公荒淫暴虐，他的两个弟弟公子小白和公子纠怕遭牵累，分别出奔莒国和鲁国。

齐襄公被齐国大臣杀死后，公子小白和公子纠都准备回国当国君。莒国和鲁国都各自护送公子小白和公子纠回齐国。公子小白抢先到达齐国夺得君位。他就是后来的齐桓公，是春秋五霸之一。

齐桓公当上国君后，很想显示自己的威风、建立威信，便以鲁国曾帮助公子纠为借口，于公元前684年进攻鲁国。鲁国被迫出兵抵御，战于鲁国长勺。

第三，初读文本。

一是通读文本（互相纠错）。

二是慢读训练（咬文嚼字法）。

读法指导：读准字音、读通句子、粗知大意；学法指导：基础知识归纳法。

1. 教师范读第一段。

2. 学生慢读第二、三段（集体朗读）。

3. 自我纠错：正音通句。

读准字音：

曹<u>刿</u>（guì）   又何<u>间</u>焉（jiàn）

肉食者<u>鄙</u>（bǐ）   牺牲玉<u>帛</u>（bó）

小信未<u>孚</u>（fú）   登<u>轼</u>而望之（shì）

吾视其<u>辙</u>乱（zhé）   <u>夫</u>战，勇气也（fú）

望其旗<u>靡</u>（mǐ）   <u>弗</u>敢专也（fú）

公与之<u>乘</u>（chéng）

理解词语（自主归纳知识点：通假字、一词多义、古今异义、特殊句式）。

4. 互相释疑，掌握知识。

5. 整体思考，理清思路。

曹刿有几次论战？详略怎么安排的？

战前论战（第一段）——详写。

战场论战（第二段）——略写。

战后论战（第三段）——较详。

第四，朗读训练，自由朗读。

可以运用快读法，读得朗朗上口，加深对课文内容的理解。

第五，布置作业。

1．翻译全文。

2．归纳知识点。

3．熟读背诵全文。

第二课时

主要内容：

讲述故事，训练整体思维；探究性学习：创造性评价人物，培养创新思维能力；朗读创新训练，深化课文理解。

第一，再读文本。

方法指导：①读故事，整体思维；②速读训练，行云流水法。

1．速读全文（各自朗读）。

2．讲述故事：《曹刿论战》的故事。

方法指导：以时间为顺序，以曹刿分析 论战为线索，按照"战前部署——战场指挥——战后总结"讲述。

故事梗概：

战前。齐国攻打鲁国，曹刿请求进见，问鲁庄公凭什么作战。鲁庄公提出了三个理由：一是和大臣们分享衣服食物，二是对神灵诚信，三是按照实情处理案件。曹刿否定了前两条，支持第三条。于是，鲁庄公和曹刿一起指挥长勺之战。

战场。鲁庄公急于进攻和追击，曹刿都给予否定，等到敌人击了三次鼓，才下令进攻，等到敌人车印混乱、军旗倒下的时候，才下令追击。

战后。鲁庄公问取胜的原因，曹刿一一做了解释。

第二，三读文本。

方法指导：①读人物：创新评价；②表情朗读：抑扬顿挫法。

1. 表情朗读课文。

2. 评价人物。

方法指导：怎样评价人物？结合人物语言、动作等评价人物性格；结合人物所处环境评价；多角度评价。

曹刿：（在学生分析评价的基础上，引导归纳整理观点）

（1）十年春，齐师伐我。公将战，曹刿请见。其乡人曰："肉食者谋之，又何间焉？"刿曰："肉食者鄙，未能远谋。"

主动请见，彰显爱国情怀。曹刿不听同乡的劝阻，执意进见鲁庄公，并就鲁庄公迎战齐国军队的进攻一事提出质疑。表现了曹刿对国家的关心，这是爱国情怀的表现。

（2）问："何以战？"公曰："衣食所安，弗敢专也，必以分人。"对曰："小惠未徧，民弗从也。"公曰："牺牲玉帛，弗敢加也，必以信。"对曰："小信未孚，神弗福也。"公曰："小大之狱，虽不能察，必以情。"对曰："忠之属也。可以一战。战则请从。"

三问庄公，体现深谋远虑。曹刿否定了鲁庄公与少数人分享和对神灵虔诚的行为，却肯定了他体察民情、取信于民的做法，体现了曹刿深谋远虑、重视民意的性格特点。

（3）公与之乘，战于长勺。公将鼓之。刿曰："未可。"齐人三鼓。刿曰："可矣。"齐师败绩。公将驰之。刿曰："未可。"下视其辙，登轼而望之，曰："可矣。"遂逐齐师。

指挥作战，谨慎果断，具有军事指挥才能。鲁庄公基于进攻和追击敌军，都被曹刿及时制止，曹刿善于把握作战时机，兵器指挥果断，取得了战争的胜利，凸显了他突出的军事指挥才能。

（4）既克，公问其故。对曰："夫战，勇气也。一鼓作气，再而衰，三而竭。彼竭我盈，故克之。夫大国，难测也，惧有伏焉。吾视其辙乱，望其旗靡，故逐之。"

善于论战，谋略过人。面对鲁庄公问战，曹刿侃侃而谈，有理有据，令人信服，足见他军事谋略出众。

曹刿就没有性格上的问题吗？经过质疑、思辨，学生一致认为曹刿质问君王，批评否定君王的意见，直言不讳，也是恃才放旷、目无君王、犯上不敬，甚至有杀身之祸。但他安然无恙，主要是鲁庄公重才和大度的结果。

鲁庄公（反面）：（在学生充分辩论的基础上，引导归纳总结）

（1）急躁冒进：在交战的每个环节，鲁庄公都显得急躁冒进，缺乏谋略。

"十年春，齐师伐我，公将战"。"公与之乘，战于长勺。公将鼓之。""齐师败绩。公将驰之。"

（2）目光短浅：鲁庄公把战争取胜的希望寄托在大臣和神灵的身上，是目光短浅的表现。

公曰："衣食所安，弗敢专也，必以分人。"……公曰："牺牲玉帛，弗敢加也，必以信。"

（3）昏庸无知：鲁庄公在战争取胜后询问曹刿取胜的原因，反映了鲁庄公昏庸无知。

既克，公问其故。

鲁庄公（正面）：（先讨论，后总结）

（1）广开言路：身为普通谋臣的曹刿想要面见君王，轻而易举，并且当面质问鲁庄公凭什么作战，本应降罪，非但没有获罪，反而得到鲁庄公的信任，可见鲁庄公广开言路。

乃入见。问："何以战？"

（2）大度重才：面对曹刿的责问和反复否定，鲁庄公虚心接受，并且重用他，体现了君王的气度和唯才是举。

问："何以战？"公曰："衣食所安，弗敢专也，必以分人。"对曰："小惠未徧，民弗从也。"公曰："牺牲玉帛，弗敢加也，必以信。"对曰："小信未孚，神弗福也。"

（3）礼贤下士：鲁庄公身为君王，与曹刿同坐一辆战车，并且遭到曹刿的反复否定并未发怒，足见他礼贤下士，胸襟宽广，用人不疑。

公与之乘，战于长勺。公将鼓之。刿曰："未可。"齐人三鼓。刿曰："可矣。"齐师败绩。公将驰之。刿曰："未可。"下视其辙，登轼而望之，曰："可矣。"遂逐齐师。

（4）不耻下问、善于总结：鲁庄公不耻下问，及时总结战胜原因，这也是一个君王的气量以及大度、虚心请教、善于总结的品质。

既克，公问其故。

在这种质疑、思辨阅读中，学生的发散思维与批判思维得到很好的训练，而对于人物的评价也不会失之偏颇，而能够做到辩证看待。

第三，朗读训练。

在运用快读、慢读和表情朗读等多种朗读训练中，熟练掌握文意，体会人物的思想性格。

第四，布置作业。

写一篇短文：《我眼中的鲁庄公》或《说说曹刿的性格缺陷》，要求学生总结课堂讨论的观点，加深对人物的理解和认识，学会思辨阅读，发展批判思维和发散思维能力。

【思辨阅读教学设计示例三】

《邹忌讽齐王纳谏》思辨阅读教学设计（全文）

原文：

邹忌修八尺有余，而形貌昳丽。朝服衣冠，窥镜，谓其妻曰："我孰与城北徐公美？"其妻曰："君美甚，徐公何能及君也？"城北徐公，齐国之美丽者也。忌不自信，而复问其妾曰："吾孰与徐公美？"妾曰："徐公何能及君也？"旦日，客从外来，与坐谈，问之客曰："吾与徐公孰美？"客曰："徐公不若君之美也。"明日徐公来，孰视之，自以为不如；窥镜而自视，又弗如远甚。暮寝而思之，曰："吾妻之美我者，私我也；妾之美我者，畏我也；客之美我者，欲有求于我也。"

于是入朝见威王，曰："臣诚知不如徐公美。臣之妻私臣，臣之妾畏臣，臣之客欲有求于臣，皆以美于徐公。今齐地方千里，百二十城，宫妇左右莫不私王，朝廷之臣莫不畏王，四境之内莫不有求于王：由此观之，王之蔽甚矣。"

王曰："善。"乃下令："群臣吏民能面刺寡人之过者，受上赏；上书谏寡人者，受中赏；能谤讥于市朝，闻寡人之耳者，受下赏。"令初下，群臣进谏，门庭若市；数月之

后，时时而间进；期年之后，虽欲言，无可进者。燕、赵、韩、魏闻之，皆朝于齐，此所谓战胜于朝廷。（谤讥 一作：谤议）

译文：

邹忌身长五十四寸左右，而且形象外貌光艳美丽。早晨，（邹忌）穿戴好衣帽，照了一下镜子，对他妻子说："我和城北徐公比，谁更美呢？"他的妻子说："您非常美，徐公怎么能比得上您呢？"城北的徐公是齐国的最美的男子。邹忌不相信自己（比徐公美），又问他的妾："我和徐公相比，谁更美呢？"妾说："徐公哪能比得上您呢？"第二天，有客人从外面来（拜访），（邹忌）与他相坐而谈，问他："我和徐公比，谁更美呢？"客人说："徐公不如您美丽。"又一天，徐公来了，邹忌仔细地看着他，自己认为不如徐公美；照着镜子里的自己，更是觉得自己与徐公相差甚远。傍晚，他躺在床上休息时想这件事，说："我的妻子赞美我漂亮，是偏爱我；我的妾赞美我美，是害怕我；客人赞美我美，是有事情要求于我。"

在这种情况下，邹忌上朝拜见齐威王，说："我知道自己确实比不上徐公美。可是我的妻子偏爱我，我的妾害怕我，我的客人有事想要求助于我，（所以）他们都认为我比徐公美。如今齐国有方圆千里的疆土，一百二十座城池。

官中的姬妾及身边的近臣，没有一个不偏爱大王的，朝中的大臣没有一个不惧怕大王的，全国范围内的百姓没有一个不有事想求助于大王的。由此看来，大王您受到的蒙蔽太严重了！"

齐威王说："你说得很好！"于是就下了命令："大小的官吏，大臣和百姓们，能够当面批评我的过错的人，给予上等奖赏；上书直言规劝我的人，给予中等奖赏；能够在众人集聚的公共场所指责议论我的过失，并传到我耳朵里的人，给予下等奖赏。"命令刚下达，许多大臣都来进献谏言，官门和庭院像集市一样热闹；几个月以后，还不时地有人偶尔进谏；满一年以后，即使有人想进谏，也没有什么可说的了。燕、赵、韩、魏等国听说了这件事，都到齐国朝拜齐威王。这就是身居朝廷，不必用兵就战胜了敌国。

【教学设计】

教学目标：

1. 积累语言基本知识。

2. 训练朗读和表达能力。

3. 培养创造性思维能力。

教学创意：

1. 重点培养学生的整体思维、发散思维和批判思维能力，引导学生学会思辨阅读。

2. 引导学生自主、合作学习，互相质疑释疑，整体把握文意；学会梳理基本知识。

3. 通过多种朗读方法训练，深化文本理解。

4. 教学时间：2 课时。

教学过程：

第一，导入。

讲故事：最强护卫。

一个土豪，每次出门都担心家中被盗，想买一只狗拴在门口护院，但又不想雇人喂狗浪费钱财。苦思良久终得一法：每次出门把 wifi 修改成无密码，然后放心出门。每次回来，都能看到十几个人捧着手机蹲在门口，从此无忧。

这个故事带给我们什么启示？

启示：要打破传统思维，换个角度思考问题。

在课文学习中，同学们也要打开思路，发散思维，大胆解读课文，可以从多角度去理解故事，多维度评价人物。当然，要结合自身的生活经历和当下的时代特征去思考和理解，不要拘泥于任何固定思维、传统理解。

理解课文的要求：多角度理解故事，多维度评价人物。

第二，解题。

"讽"是什么意思？是讥讽、嘲讽吗？

（1）讽谏：用暗示、比喻的方法，委婉地规劝。谏：直言规劝。

（2）讽喻：下级对上级以委婉曲折的言语进行规劝。

第三，介绍《战国策》。

《战国策》是战国时期国别史汇编，也是一部历史散文总集。又称《国策》《国事》，由汉代刘向编订的，共33篇。它记录了各国谋臣的策略和言论，语言流畅，写人记事真切、生动。艺术上有很高成就。

第四，讲故事。

教学目的：训练学生思维的整体性、连续性和口头表达能力。

方法指导：怎样讲故事？

要抓住记叙文六要素：时间、地点、人物和事件起因、事件经过、事件结果，重点是情节的开端、发展、高潮、结局。

《邹忌讽齐王纳谏》故事梗概：

邹忌想知道自己在家人和朋友眼里，他和齐国的美男子徐公谁长得更美，他先后问了妻子、小妾和客人，但都得到相同的答案：他比徐公长得美。后来他见到了徐公，感觉自己远远没有徐公美，他想了很久，意识到他们出于自己的目的，都没有说真话，自己受到蒙蔽。

于是，他就把自己在家里的遭遇讲给齐威王听，并以此规劝齐威王广开言路，听取大臣和百姓的意见，以免受到蒙蔽，贻误了国家大事。齐威王欣然接受了他的建议，广开言路，赏赐提建议的群臣百官和黎民百姓。

就这样，齐国得到了很好的治理和发展，变得更加强大了，其他的国家如燕国、赵国、韩国、魏国等都来朝拜齐国，向齐国纳贡。

学生能讲出主要内容就应该加以肯定，只要故事内容比较完整，就是整体思维的很好训练，循序渐进，收效就会明显提升。

第五，初读课文：正字音。

要求读准字音，读通句子，粗通文意。

朗读方法：慢读——咬文嚼字法，力求字音准确、句子通顺。

第六，二读课文：通文意。

通文意：生生互动，质疑释疑。

学生就词句理解互相提问、答疑。梳理重要字词句知识，落实文言文教学的基本知识。

例如：

① 我孰与城北徐公美？（疑问句）

② 城北徐公，齐国之美丽者也。（判断句）

③ 忌不自信。（倒装句，宾语前置）

④ 吾妻之美我者。（意动用法）

第七，三读课文：解疑难。

读法：表情朗读——抑扬顿挫法。

寻找文中的"三",感受人物性格、情感。

三问：问妻、问妾、问客。

三比：左右、朝臣、海内。

三答：皆以美于徐公。

三赏：面刺（上）、上书（中）、谤讥（下）。

三思：私我、畏我、求我。

三变：群进、间进、无进。

《邹忌讽齐王纳谏》思维导图：

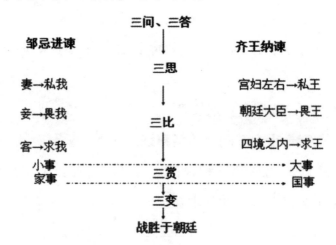

第五，评价人物：练思维。

在评价人物中，培养学生的批判性思维。

要求：发现人物的优缺点，结合原文评价人物。

话题一：我眼中的邹忌。

评价维度：

优点：敢于进谏；善于辞令。

缺点：自恋自赏；据理臆断（"由此观之，王之蔽甚矣"是真的吗？理由充分吗？）

话题二：我为齐威王点赞。

要求：结合原文评价人物，为齐威王点赞。要求言之有理，持之有据。

一是礼贤下士，进谏渠道畅通：

"于是入朝见威王，曰……"

二是从谏如流，决策果断英明：

"王曰：'善！乃下令'。"

三是胸怀大度，直面臣民进谏：

"能面刺寡人之过者受上赏。"

四是治国有方，多国朝服称臣：

"燕赵韩魏闻之，皆朝于齐。"

第六，朗读训练。

运用多种朗读方法，如快读、表情朗读等，深化对课文内容的理解。

第七，布置作业。

1. 整理文言字词知识（包括通假字、词类活用和重要句式等）。

2. 写人物评价《为齐威王点赞》《我眼中的邹忌》。

【思辨阅读教学设计示例四】

《河中石兽》思辨阅读教学设计（全文）

原文：

沧州南一寺临河干（gān），山门圮（pǐ）于河，二石兽并沉焉。阅十余岁，僧募金重修，求石兽于水中，竟不可得。以为顺流下矣，棹（zhào）数小舟，曳（yè）铁钯（pá），寻十余里，无迹。

一讲学家设帐寺中，闻之笑曰："尔辈不能究物理，是非木杮（fèi），岂能为暴涨携之去？乃石性坚重，沙性松浮，湮（yān）于沙上，渐沉渐深耳。沿河求之，不亦颠乎？"众服为确论。

一老河兵闻之，又笑曰："凡河中失石，当求之于上流。盖石性坚重，沙性松浮，水不能冲石，其反激之力，必于石下迎水处啮（niè）沙为坎穴，渐激渐深，至石之半，石必倒掷坎穴中。如是再啮，石又再转，再转不已，遂反溯流逆上矣。求之下流，固颠；求之地中，不更颠乎？"

如其言，果得于数里外。然则天下之事，但知其一，不知其二者多矣，可据理臆（yì）断欤（yú）？

译文：

沧州的南面有一座寺庙靠近河岸，寺庙的大门倒塌在了河水里，两个石兽一起沉没了。经历十多年，和尚们募集金钱重修寺庙，在河中寻找两个石兽，最终没找到。和尚们认为石兽顺着水流流到下游。于是划着几只小船，拉着铁耙，寻找了十多里，没有任何石兽的踪迹。

一位学者在寺庙里设立了学馆讲学，听了这件事嘲笑说："你们这些人不能探究事物的道理。这不是木片，怎么能被大水带走呢？石头的性质坚硬沉重，沙的性质松软浮动，石兽埋没于沙上，越沉越深罢了。顺着河流寻找石兽，不是颠倒错乱了吗？"大家都很佩服，认为是正确的结论。

一个年老的河兵听说了这个观点，又嘲笑说："凡是丢失在河里的石头，都应当到河的上游寻找。因为石头的性质坚硬沉重，沙的性质松软浮动，水流不能冲走石头，河水的反冲力，一定在石头下面迎面冲击石前的沙子，形成坑穴。越冲越深，冲到石头底部的一半时，石头必定倒在坑穴里。像这样又冲击，石头又会再次转动，这样不停地转动，于是反而逆流而上。到河的下游寻找石兽，本来就颠倒错乱了；在原地深处寻找它们，不是更颠倒错乱了吗？"

按照他的话去寻找，果然在上游的几里外寻到了石兽。

既然这样，那么天下的事，只知道表面现象，不知道其中根本道理的人和事有很多啊，难道可以根据自己所知道的道理主观判断吗？

注释：

①沧州：沧州市。临：靠近。河：指黄河。干：岸边。

②山门：寺庙的大门。圮：倒塌。

③阅：经历。岁：年。余：多。

④棹：船桨。这里作动词用，划船。

⑤木柿：木片。

⑥湮：埋没。

⑦颠（一本"傎"）：颠倒、错乱。

⑧河兵：治河的士兵。

⑨啮：本意是咬，这里是冲刷，冲击的意思。坎穴：洞坑。

⑩臆断：主观判断。

⑪已：停止。

⑫是非：这不是。是：这。非：不是。

⑬如：按照。

⑭设帐：设立学管教学。

⑮竟：最终。

⑯并：一起。

⑰临：岸边。

⑱圮：倒塌。

⑲曳：牵引，拖着。

⑳钯：通"耙"，整地的农具。

㉑但：只。

㉒倒掷：倾倒。

㉓盖：原来（是）发语词放在句首。

㉔暴涨：凶猛的河水。

㉕尔辈：你们。

㉖干：岸边。

㉗临：面对。

㉘并：一起

㉙焉：相当于"于之"，在那里。

㉚求：寻找。

㉛以为：认为。

㉜盖：因为。

㉝溯：逆流而上。

㉞物理：古义：事物的原理。今义：一种学科。

【教学设计】

教学目标：

1．积累语言基本知识。

2．训练朗读和表达能力。

3. 培养创造性思维能力。

教学创意：

1. 重点培养学生的整体思维、发散思维和批判思维能力，引导学生学会思辨阅读。

2. 引导学生自主、合作学习，互相质疑释疑，整体把握文意；学会梳理基本知识。

3. 通过多种朗读方法训练，深化文本理解。

4. 教学时间：2课时。

教学过程：

第一，学生讲故事。

要求学生借助工具书和课下注解自主学习，疏通文义，用自己的话讲述《河中石兽》的故事，训练学生的整体思维能力和表达能力，为深入学习做准备。

《河中石兽》故事梗概：

有一座庙靠近河岸，庙门倒塌之后，门旁的两只石狮也掉到了河里。后来和尚想要修庙，决定要把石狮打捞上来，没找到。

和尚又到下游去找，结果还是没找到。

一个教书先生说，石狮肯定沉到沙泥里去了，因为石头重，沙泥轻，结果也没找到。

一个老河兵最后说，这两个石狮在上游，结果果然在上游找到了。

设疑：石兽怎么会到上游去呢？

第二，一读课文。

要求：读准字音。

方法：慢读——咬文嚼字。

字词正音：

河干（gān）	圮（pǐ）	棹（zhào）
曳（yè）	铁钯（pá）	木柿（fèi）
湮（yān）	啮（niè）	溯（sù）
臆（yì）	欤（yú）	坎穴（xué）

第三，了解作者。

方法指导：作者介绍＝名、时、地、评、作。

学生课前搜集资料，加以整理，可以独自完成，也可以小组合作。

参考介绍：

纪昀，字晓岚，清代著名学者，《四库全书》总纂官，著有《阅微草堂笔记》等。

《阅微草堂笔记》是纪昀晚年所写的一部文言笔记小说，题材以妖怪鬼狐为主，于人事异闻、名物典故等也有记述，内容相当广泛。

分古今图书为经、史、子、集四档，总名为“四库全书”。

第四，二读课文。

方法：快读——行云流水法。

任务：寻找古今异义词。

序号	实词	古义	今义
1	干	通"岸"	干燥，不潮湿
2	阅	经历	看
3	物理	事物的道理	一门学科
4	是	这样	判断动词
5	已	停止	已经

第五，梳理知识。

寻找出现频率最高的词，并加以解释。

序号	虚词（或实词）	意义活用法
1	闻之笑曰	代词，代顺流而下寻找石兽这件事
2	沿河求之	代词，代石兽
3	一老河兵闻之	代词，代讲学家的话
4	当求之于上流	代词，代石头
5	其反激之力	的
6	至石之半	的
7	求之下流	代词，代石兽
8	求之地中	代词，代石兽
9	然则天下之事	的

第六，整体感知。

三读课文——表情朗读，声情并茂。

1. 文中写了几个人？叙述了一件什么事？表达了什么观点（中心思想）？

方法指导：怎样概括主要内容：人物＋事件＋道理（方法）。

叙述了僧人、讲学家和老河兵寻找石兽的不同方法，表达了不可以根据某一种道理主观臆断的观点。

2. 三个人寻找石兽的方法有何不同？

方法	人物	寻找地点	结果
第一种	僧人	原地水中	不可得
第二种	僧人	顺流而下	无迹
第三种	讲学家	原地沙下	失败
第四种	老河兵	求之于上流	果得于数里外

第七，理解内容。

制作河中石兽移动动态图，在演示过程中，要求学生引用课文中的句子进行配音，学生兴趣高涨，效果很好。（动画效果图略）

第八，评价人物。

话题：怎样看待僧人、讲学家和老河兵？（培养学生质疑思辨能力，训练批判性思维、发散思维等）

僧人：毅力坚定，但经验不足。

"阅十余岁，僧募金重修 。"

讲学家：思路正确，但考虑不周，轻视他人。

"笑曰：尔辈不能究物理"等。

老河兵：看似不合理，却符合实际。

"凡河中失石，当求之于上流。盖石性坚重，沙性松浮，水不能冲石，其反激之力，必于石下迎水处啮（niè）沙为坎穴，渐激渐深，至石之半，石必倒掷坎穴中。如是再啮，石又再转，再转不已，遂反溯流逆上矣。"

在这种质疑思辨阅读中，学生培养了思维能力，实现了创意解读和个性化表达。

第九，朗读训练。

多种朗读方法，熟读成诵，深化理解文本内容。

第十，思维作业。

结合原文，写一篇短文《说长道短话三人》，评价三个人物的思想性格特点。

【思辨阅读教学设计示例五】

《杞人忧天》思辨阅读教学设计（全文）

原文：

杞国有人忧天地崩坠，身亡所寄，废寝食者。又有忧彼之所忧者，因往晓之，曰："天，积气耳，无处无气。若屈伸呼吸，终日在天中行止，奈何忧崩坠乎？"其人曰：
"天果积气，日、月、星宿，不当坠邪？"晓之者曰："日、
月、星宿，亦积气中之有光耀者，只使坠，亦不能有所中
伤。"其人曰："奈地坏何？"晓之者曰："地，积块耳，充
塞四虚，无处无块。若躇步跐蹈？终日在地上行止，奈何
忧其坏？"

其人舍然大喜，晓之者亦舍然大喜。

译文：

古代杞国有个人担心天会塌、地会陷，自己无处存身，
便食不下咽，寝不安席。另外又有个人为这个杞国人的忧
愁而忧愁，就去开导他，说："天不过是积聚的气体罢了，
没有哪个地方没有空气的。你一举一动，一呼一吸，整天
都在天空里活动，怎么还担心天会塌下来呢？"那人说：
"天是气体，那日、月、星、辰不就会掉下来吗？"开导他
的人说："日、月、星、辰也是空气中发光的东西，即使掉
下来，也不会伤害什么。"那人又说："如果地陷下去怎么
办？"开导他的人说："地不过是堆积的土块罢了，填满了
四处，没有什么地方是没有土块的，你行走跳跃，整天都
在地上活动，怎么还担心地会陷下去呢？"

（经过这个人一解释）那个杞国人才放下心来，很高
兴；开导他的人也放了心，很高兴。

注释：

①杞：春秋时期国名，在今河南杞县。

②崩坠：崩塌，坠落。

③身亡（wú）所寄：没有地方存身。亡：同"无"。寄：依附，依托。

④又有忧彼之所忧者：又有一个为他的忧愁而担心的人。之：的。忧：忧愁、担心。

⑤晓：开导。

⑥若：你。屈伸：身体四肢的活动。

⑦终日在天中行止：整天在天空气体里活动。行止：行动和停留。

⑧果：如果。

⑨日月星宿（xiù）不当坠邪：日月星辰不就会坠落下来了吗？星宿：泛指星辰。

⑩只使：即使。

⑪中（zhòng）伤：打中击伤。

⑫奈地坏何：那地坏了（又）怎么办呢？

⑬地积块耳：大地是土块堆积成的罢了。

⑭四虚：四方。

⑮蹃（chú）步跐（cǐ）蹈：泛指人的站立行走。蹃：立。步：行。跐：踩。蹈：跳。

⑯行止：行动和停止。

⑰奈何：为什么。

⑱舍然：释然，舍弃心事的样子。

【教学设计】

教学目标：

1．训练朗读技巧，积累语言知识。

2．运用联想想象，领会深刻寓意。

3．培养健全人格，发展思维能力。

教学创意：

1．知识积累，重在学法指导；文意理解，讲求导读艺术；深度学习，训练思维能力。

2．重点引导学生思辨解读，训练发散、批判思维能力。

3．教学时间：一课时。

教学过程：

第一，典故导入。

从前在杞国，有一个胆子很小，而且有点神经质的人，他常会想到一些奇怪的问题，让人觉得莫名其妙。有一天，他吃过晚饭以后，拿了一把大蒲扇，坐在门前乘凉，并且自言自语地说："假如有一天，天塌了下来，那该怎么办呢？我们岂不是无路可逃，而将活活地被压死，这不就太冤枉了吗？"

从此以后，他几乎每天为这个问题发愁、烦恼，朋友见他终日精神恍惚、脸色憔悴，都很替他担心。但是，当大家知道原因后，都跑来劝他说："老兄啊！你何必为这件事自寻烦恼呢？天空怎么会塌下来呢？再说了，即使真的塌下来，那也不是你一个人忧虑发愁就可以解决的啊，想开点吧！"可是，无论人家怎么说，他都不相信，仍然时常为这个不必要的问题担忧。

今天，引申为哪个成语？——"杞人忧天"或者"庸人自扰"。

第二，学生介绍寓言及作者。

寓言，是一种含有劝谕或讽刺意味的文学体裁。寓言通常把深刻的道理（寓意）寄托在简单的故事当中，以小喻大，富有智慧哲理。《杞人忧天》选自《列子》。

《列子》，相传战国列御寇所著，是道家经典之一。内容多为民间故事、寓言和神话传说。如《儿童辩日》《杞人忧天》《愚公移山》等，都是很有价值的文学遗产。

第三，诵读感知。

一读：慢读——咬文嚼字，读准字音，读通句子。

杞人（qǐ）　　崩坠（zhuì）　　星宿（xiù）

中伤（zhòng）　蹉步（chú）　　跐蹈（cǐ）

舍然（shì）

二读：快读——行云流水，粗通文意，感知内容。

（1）学生讲故事，整体感知。（整体思维训练）

——《杞人忧天》的故事。

方法指导：抓住六要素：时间、地点、人物和故事的起因、经过和结果。

（2）故事中表达了什么寓意？（学生自由发言讨论后，引导归纳整理）

讽刺那种害怕不可能发生的灾祸、徒然自扰的人。

第四，导读理解。

朗读全文，声情并茂。

导读：问题一：故事的起因是什么？请用原文回答，并解释。

杞国有人忧天地崩坠，身亡所寄，废寝食者。

意思是：有个杞国人担心某一天天崩地陷，自己没有地方依托，急得吃不下饭，睡不着觉。

问题二：开导者为什么要劝他？是怎么劝说的？

又有忧彼之所忧者，因往晓之，曰："天，积气耳，无处无气。若屈伸呼吸，终日在天中行止，奈何忧崩坠乎？"

意思是：另外有个人为这个杞国人的忧愁而忧愁，就去开导他，说："天不过是积聚的气体罢了，没有哪个地方没有空气的。你一举一动、一呼一吸，整天都在天空里活动，怎么还担心天会塌下来呢？"

问题三：杞国人又产生了什么新的忧虑呢？

其人曰："天果积气，日、月、星宿，不当坠邪?"其人曰："奈地坏何?"

意思是：开导他的人说："日、月、星、辰也是空气中发光的东西，即使掉下来，也不会伤害什么。""地不过是堆积的土块罢了，填满了四处，没有什么地方是没有土块的，你行走跳跃，整天都在地上活动，怎么还担心地会陷下去呢?"

问题四：故事的结局怎么样呢?

其人舍然大喜，晓之者亦舍然大喜。

意思是：（经过这个人一解释）那个杞国人才放下心来，很高兴；开导他的人也放心了，很高兴。

第五，积累知识。（引导学生学会梳理，重点关注通假字、重要实词虚词，如一词多义、古今异义和典型句式等）

1．通假字

身<u>亡</u>所寄（同"无"，没有）

其人<u>舍</u>然大喜（同"释"，舍弃心事）

2．古今异义词

因往<u>晓</u>之（古：开导；今：知晓）

<u>奈何</u>忧崩坠乎（古：为什么；今：怎么办）

充塞四<u>虚</u>（古：处所，方位；今：空虚）

<u>若</u>躇步跐蹈（古：你；今：假若）

其人<u>舍</u>然大喜（古：同"释"；今：宿舍）

亦不能有所<u>中伤</u>（古：打中击伤；今：污蔑使人受损害）

第六，深度理解。

品读文本：发散思维，个性解读。

问题探究：这则寓言通常是讽刺那些自寻烦恼、庸人自扰的人，他们担忧那些不可能发生的灾祸。但是，在寓言中还可以感悟到哪些积极的因素和值得学习的精神？结合文中形象和具体语言，联系生活实际，说说自己的理解。

在学生充分表达的基础上，引导归纳整理。

观点一：充满忧患意识。

杞人对于天地、自然的担忧，也不是没有一点道理的。今天地震、台风、洪水等自然灾害，对人类生存的危害不容忽视。所以，这种忧患意识今天仍然需要。

观点二：具有奉献精神。

从"晓之者"身上，我们看到了助人为乐、无私奉献的精神，他耐心开导、劝说杞人，最终"杞人舍然大喜"，"晓之者亦舍然大喜"。这种为他人排忧解难的精神值得我们学习。

观点三：包含探索精神。

"晓之者"的开导和解释并不是很科学，反映了古代科学发展的局限性，但是，他对天地的思考和解释，蕴含着开拓探索精神，这一点是我们今天仍然需要的。

通过思辨、发散，学生思维活跃，观点精彩纷呈。

第七，朗读训练：美读训练，声情并茂，深化理解。

第八，课后练习。

背诵全文并写作短文：《杞人忧天之我见》。

工作室部分成员与钱梦龙老师在一起

附录

相关研究论文附录

《基于核心素养的语文思维训练研究》
开题报告

一、课题研究的背景

（一）新课程标准对语文思维训练提出了全新的要求

从原来的教学大纲到课程标准，思维培养越来越受到重视，对教学中的思维要求，越来越明确，越来越具体，而课程标准将思维培养定位在"课程的基本理念"和"课程标准"这些课程教学的最高层面上，体现了思维培养在语文教育中应有的重要地位，更准确、更科学地体现了语文课程自身的特点和语文素养应有的内涵。课标修订稿第一次明确将"思维发展与提升"升格为学科四大核心素养之一。"思维发展"是指学生在语文学习过程中获得的直觉思维、形象思维、逻辑思维和创造思维等思维能力的发展；"思维提升"是指思维的深刻性、敏捷性、灵活性、批判性和独创性等思维品质的提升。课标修订稿对思维培养的认识和要求达到前所未有的高度。可见，学生语文思维能力发展，是学生语文能力培养的前提，也是激发学生学习的内驱力和促进学生学习方式转变的关键。

（二）语文核心素养对思维训练提出了更高层次的要求

思维训练，已经升格为与"语言""审美""文化"并列的语文学科核心素养。思维培养第一次被提升到语文学科构成与学生发展的最基础、最高层与核心层面。所谓"核心素养"，是最基础、最本质的素养，是具有生长力的素养，是种子素养。它是在一定时期帮助个体实现自我、成功生活与融入社会的最关键、最重要的必备品格与关键能力。核心素养是学生应具备的适应学生终身发展和社会发展需要的必备品质和关键能力。关注学生的思维发展与提升是语文教学的重要使命，构建以思维为核心的课堂活动体系，培养学生思维能力，优化学生思维品质，在教学活动中引导学生学会有益终身的批判思维能力，应该是语文教学的一种自觉追求。将"思维发展和提升"提升到学生终身发展的种子素养的高度，标志着语文课程对"思维发展"的认识走向自觉的新阶段，实现了时代的新跨越。

（三）转变教学方式对语文思维能力培养的要求

基于知识与方法的思维教学，我们总把思维作为知识树的一个环节，因而使思维培育呈现单一、线性的特点，而作为素养的思维发展与提升的培育应当是多维的、综合的。在素养培养的教育情境下，思维能力是思维方式、思维方法、思维品质等交互共振的综合能力，思维品质也常常并不以单一形式呈现。因此，作为核心素养的思维教学必须完成以下几个转变。

首先是思维方式的变革，要引导学生从单一式思维向综合性、优化性、整体性、系列性转变。思维方式是人的认识定式和认识运行模式的总和，是个体思维层次（深度）、结构（类型）、方向（思路）的综合表现，是一个人认知素质的核心。教育面临的最大挑战，不是技术，不是资源，而是思维方法。

其次是思维方法的转变，要从关注形象性、逻辑性思维等向更注重培养学生的创造性思维（灵感思维）、聚合发散思维转变。

再次是更为关注思维品质的培养。以前的思维教学，我们更多关注的是作为逻辑方法的思维知识授予和作为能力的思维方法的训练，而作为核心素养的思维培养，我们在语文实践中应更注重培养学生思维的敏捷性、批判性、深刻性、广阔性。

思维方式、思维方法、思维品质三者综合发展，才能形成思维的提升。

思维教学要在情境实践中进行。语文实践活动情境主要以学生个体独自学习、社会生活实践、学科认知活动为主，即个人体验情境、社会生活情境和学科认知情境。学习情境可通过多样的语文实践活动，融合听说读写，跨越古今中外，打通语文学习和学生的生活世界，运用优质的素材和范例，激发学生的学习兴趣和动力，提高语言文字运用能力。

思维教学要开展深度学习。这是一种学生能够深度体验，在理解基础上批判学习新知识，并将其融入原有认知结构中，能够在众多的知识间进行联系，将已有的知识迁移到新的情境中，做出决策、解决问题的学习方式。这种学习方式不同于被动等待授予的浅学习，它要求学生能够在理解、体验的基础上进行"辨识、分析、比较、归纳和概括"，进而"运用基本的语言规律和逻辑规则，分析、判别"，"有效地筛选信息"并"清晰地解释文本中事实、材料、观点与推断的关系"，从诸多文本信息中"发现新的关联，推断、整合出新的信息或解决问题的策略、程序和方法，并运用这些信息、策略、程序、方法，解决自己学习和生活中遇到的相关问题"，在表达上"追求思想的深刻性和表达的独创性"，而这些能力恰恰是思维教学所需达成的目标。因此，思维教学的开展必须基于语言文学实践的深度学习。深度学习能面对纷繁复杂的思维对象进行优化创造，追求更好，体现思维的系统整体性和动态开放性，充分展示思维的过程与深度、广度、灵活性。所以，思维教学不能仅仅停留在自主、合作、探究上，要引向独立学习和深度学习。

（四）语文教学的现实困惑期待语文思维训练体系的建构

中学语文新课改要求在读、写教学中，注重学生整体把握文本和整体表达思维这两大能力的培养，即整体感知和整体表达。但目前缺乏整体思维训练的经验和体例作为借鉴，特别是在阅读和作文教学中，知识型、片段性、技巧性训练模式较多，而基于阅读思维能力和写作思维能力训练的模式较为匮乏，也缺乏可以借鉴的教学系统经验。因此，怎样进行思维能力培养和思维训练体例建构，成为中学语文教学亟待解决的问题。

综上，语文新课标、核心素养、教学方式转变和语文教学现实困惑等，要求深入探索阅读教学、作文教学与思维能力培养的关系，从而创造性地建构基于核心素养的语文教学新思维训练的经验和体例，这是语文教学改革和创新的重要思路。

二、课题研究的目的和意义

（一）建构语文思维训练的系统理论和实践体例

基于思维三重性的思维基本规律，探索建立语文阅读和作文教学中思维能力训练的理论体系和训练模式，旨在改变传统读写教学沉闷、低效问题，较大幅度地提高语文教学效率。

（二）探索语文教学新课程改革的全新路径

本着对思维规律的全新认识，着眼于学生读写能力培养和综合素质提升，努力探索读写思维训练新模式，从而有效改善语文教学现状，提升学生语文学习素养和实践能力。

（三）具有较高的理论价值与实践价值

1. 理论价值

从读、写心理特点出发，提出思维的三重性，为阅读教学和作文教学提供了新思维建构的依据，具有重要的理论价值。

（1）有助于厘清培养学生核心素养前提下的读写教学与思维能力培养的关系，以全新视角审视和梳理中学语文教学的传统经验，以便弘扬传统语文教学的优势，推陈出新。

（2）有利于重新认识阅读、写作与思维的关系，深入探索阅读教学和作文教学中思维能力发展规律，为语文思维训练提供一种构建路径和策略。

（3）引导语文教学按照语文核心素养的要求，研究构建基于思维能力训练的读、写教学策略和实践案例。

（4）指导编写适应语文新课标理念和核心素养要求的读、写思维训练用书。

2. 实践价值

读、写思维的"多重性"对构建读、写训练序列和有效提高学生读、写能力，有着很重要的实践价值，同时对于实现学生读、写学习方式的变革具有积极的现实意义。

（1）优化课堂教学思维和结构，解决阅读教学中整体感知的迷茫、问题探究的困惑和语言感知的艰难，解决作文教学思维训练缺失或低效的问题，从而提高阅读教学和作文教学的有效性。

（2）引导编写更好地体现思维训练与读写融合的教材，特别在作文思维教学上，使语文教师有本可依。

（3）引导中学语文教师从思维能力培养和发展的角度，深入探索读、写教学规律，丰富语文课程，更好地体现语文生活化和思维立体化。

（4）帮助语文教师引导学生学会思维训练的实践方法，从而提高学生阅读、写作的兴趣和有效性。

三、概念的界定

（一）核心素养

指的是语文核心素养，按照比较一致的观点，语文核心素养包括四个方面，即语言建构与运用、思维发展与提升、审美鉴赏与创造、文化理解与传承。根据核心素养的要求，语文思维训练是重要内容之一，而且与其他三方面的素养相辅相成、相得益彰。本课题研究以提升学生语文核心素养为宗旨，在核心素养培养的引领下，开展思维能力训练的路径和策略研究。

（二）语文思维

语文思维是区别于一般思维和其他学科特点的思维品质和思维方法。这种思维带有鲜明的语文性，其鲜明的特点就是在语文学习的过程中进行训练和培养的思维方法与规律，具体来说，语文思维具有三重性，即整体性、同步性和连续性。根据思维的三大特征探寻语文教学思维训练模式或策略的建构，要研究整体教学、思维和语言同步训练以及读写思路的流畅性和连贯性训练，促进学生思维能力和语文综合素养的同步发展。主要是针对中学阶段的语文教学开展理论研究和实践探索，力图形成自己的理论和操作系统，以提高语文教学的科学性和有效性。

（三）训练

思维方法、品质和能力是可以经过训练达成的。"训练"是指本课题重点研究思维训练的基本策略和实践体例建构，从而提高语文课堂对学生读写思维训练的有效性，提升学生的思维能力。

四、课题研究的理论依据

（一）语文核心素养理论

语文学科核心素养主要包括四方面：语言建构与运用、思维发展与提升、审美鉴赏与创造、文化理解与传承。很显然，思维能力和品质的培养是语文核心素养的重要内涵，它对语文教学具有很重要的指导意义。而且思维与其他核心素养是相辅相成、相得益彰的依存关系，培养学生的思维能力离不开其他素养的培养与发展。

思维的发展和提升伴随着学生的成长和发展。思维最初是人脑借助于语言对客观事物的概括和间接的反应过程。童年期思维的发展从具体形象思维逐步向抽象逻辑思维过渡，比较稳定的抽象思维能力开始形成，青少年期思维的发展过程中抽象逻辑思维逐步占优势，辩证逻辑思维得到发展。思维品质，实质是人的思维的个性特征。思维品质反映了每个个体智力或思维水平的差异，主要包括深刻性、灵活性、独创性、批判性、敏捷性和系统性六个方面。优秀的思维品质来源于优秀的逻辑思维能力。

语文教学之所以要以思维发展与提升作为核心素养，是因为语文课程是学生学习运用祖国语言文字的课程，重在培养学生听、说、读、写等多项综合的实践能力。而要在实践中体会、把握运用语文的规律本身就是一个很艰难的过程，因为汉语的内部结构、包含的各种信息都很复杂，这项工作的进行离不开思维的发展。语文教师要根据学生的身心特征以及思维发展的特点来改进教学内容、改变教学方法，抓住初中阶段是从初级思维向抽象逻辑思维过渡的关键时期，进行有效的教学，培养好学生的思维品质。

（二）语文新课程理论

语文新课程理论主要包括四个方面：一是全面提高学生的语文素养。培养学生热爱祖国语文的思想感情，指导学生正确理解和运用中国语言，丰富语言积累，培养语感，发展思维，培养学生语文读写听说综合能力。二是正确把握语文教育的特点。语文课程应注意教学内容的价值取向，尊重学生在语文学习过程中的独特体验，应该考虑语言文字的特点对识字写字、阅读、写作、口语交际和学生思维发展方面的影响，在教学中尤其要重视培养良好的语感和整体把握的能力。三是积极倡导自主、合作、探究的学习方式。教学内容的确定，教学方法的选择，评价方法的选择，都应该有助于这种学习方式的形成。要通过语文的综合性学习培养学生主动探究、团结合作和勇于创新的精神。四是努力建设开放而有活力的语文课程。语文课程应该是开放而富有创新活力的。

语文新课程的这些理念，要求语文学习全过程渗透思维训练，培养学生的整体思维、发散思维、批判性思维和创新思维等，构建以思维核心素养发展为主线的语文课程、课型以及教学策略、方法体系。

（三）学生身心发展规律

学生身心发展具有内在的规律性，包括五大规律：顺序性、阶段性、不平衡性、互补性、差异性。如小学阶段学生的思维主要是具体形象思维，故书本上有很多的插图帮助理解；而到了中学时期，学生思维主要是抽象逻辑思维占据主导地位，故书本内容大多以大篇幅文字出现。学生思维训练也必须遵循这些规律，循序渐进，因材施教，尊重个性，充分发展学生不同阶段的思维能力，培养思维的独特性。中学阶段，要特别重视整体思维、发散思维、批判性思维能力的培养，为提高学生语文学习的综合素养奠定基础。

（四）思维发展规律

在中学阶段，学生的抽象思维和形象思维都在迅速地发展着。在总的发展趋势上，初中阶段学生的初级抽象思维即形式逻辑思维和一般性形象思维已经处于优势地位。到了高中，学生开始形成辩证逻辑思维，创造性形象思维得到较快发展。二三年级学生的思维趋于基本稳定和成熟。这就要求思维训练的策略和思路建构，要以学生思维发展规律为前提，建构与学生成长相适应的语文思维训练体例。

本人提出的思维的"三重性"理论，已经得到全国较为广泛的认可，全面阐述上述观点的论文《关于作文教学经验重构的思考》《基于思维训练的作文教学策略》《语文教学新经验建构的基本策略》《语文思维训练和教学创新设计》等曾在《语文教学与研究》《中学语文教学》《中小学教材教学》等杂志发表，其中《基于思维训练的作文教学策略》《语文教学新经验建构的基本策略》被中国人民大学复印资料全文转载。这一理论也是本课题研究的重要理论基础。

五、课题研究的现状

（一）语文界关于语文教学与思维学研究的专著

1. 1982 年，中央教育科学研究所研究员、语文教育家蒋仲仁发表了题为《思维　语言　语文教学》的长篇论文。1988 年，人民教育出版社出版了蒋仲仁的专著《思维　语言　语文教学》。

2. 章熊编写《语言和思维的训练》（上海教育出版社，1982 年版）。

3. 洪宗礼和程良方编著《中学生思维训练》（云南教育出版社，1987 年版。后来又编著《写作与辨证思维》）。

4. 陈钟梁　张振华著《作文与思维训练》（杭州大学出版社，1992 年版）。

5. 彭华生著《语文思维论》（广西教育出版社，1993年版。1996 年再版）。

6. 魏灿金著《语文思维培育论》（语文出版社，1994年版。1998 年再版）。

7. 王志荣　阳和坤编著《思维能力与议论文写作》（湖南师范大学出版社，1999 年版）。

（二）语文思维训练和语言训练的"三三理论"

本人提出了语文思维的"三重性"，即思维的整体性、同步性和连续性，与思维密切相关的是语言的"三层论"，即语言的形美、神美和魂美等，以此观点为指导的研究专著和论文如下：

1.《语文教学的艺术》（深圳海天出版社，2017年版）。

2.《新经验语文教学》（云南人民出版社，2018年版）。

3.《关于作文教学经验重构的思考》（《语文教学与研究》，2014年第10期）。

4.《基于思维训练的作文教学策略》（《中学语文教学》，2014年第8期）。

5.《语文教学新经验体系建构的基本策略》（《中学语文教学》，2016年第2期）。

（三）语文思维教学流派

主要代表人物是宁鸿彬、王大绩等。特点：用创造理论指导语文教学改革，语文教学的主要任务是培养学生的创造素质。提出为21世纪培养人才的未来教育观。"创造性思维训练不是另搞一套，而是指导学生运用创造性思维进行听说读写活动，运用创造性思维进行课内的正常学习活动。"在长期的实践中提出了"宁氏教学三原则"：不迷信古人，不迷信名家，不迷信老师。三个欢迎：欢迎质疑，欢迎发表与教材不同的见解，欢迎发表与教师不同的见解；

三个允许：允许说错做错，允许改变观点，允许保留意见。王大绩提出：语文学习的自觉意识，类似一种学科专业思维，或称语文思维。作为唯物主义者，常说的"语感"，不是头脑中自然产生的，也不是来自莫名其妙的感悟，而是长期语文"学"与"习"的结果。让学生在思维领域得到训练，在提高学生语文能力的同时，提高学生的生活思维能力，真正提高学生的智慧。语文学习的自觉意识，涉及方方面面，是有规律可循的，在阅读和写作领域尤为突出。

六、课题研究的内容与目标

（一）课题主题

语文教学中关于思维训练的观点很多，指导思维训练的专著也不少，特别是出现了以思维训练为引领的语文教学流派——思维派。但是，语文新课改推行以来，特别是语文核心素养提出以来，要求语文教学注重整体感知和学生创造性思维能力的培养，要引导学生对阅读文本进行个性化解读，进行独特的、有创意的表达。但在新课改推行的课堂教学中，遇到了整体感知的尴尬，在文本解读和写作中难以彰显个性化，其主要原因是学生思维能力的培养没有与其知识水平同步发展。要培养学生在阅读和写作中有创意和个性化，就必须加强语文思维能力的系统训练，逐步构建起以提升学生语文综合素养为目的的思维训练策略和训练系统，并积累成功的系列案例，形成全新的思维训练的系统经验。

（二）总体框架与基本内容

以《新经验语文教学》（杨祥明著）的"三三理论"为指导，从思维发展自身规律、思维与语言的关系两个角度，探索建构语文思维训练，特别是创造性思维训练的系统策略和训练体例，为中学语文教学提供思维训练的路径和范本。

（三）具体内容与任务

以思维的三个特征作为训练研究的切入点，研究建构语文阅读和写作教学的策略和体例。

第一，思维的整体性与读写教学策略、体例建构。

第二，思维的同步性与读写教学策略、体例建构。

第三，思维的连续性与读写教学策略、体例建构。

第四，创造性思维与读写教学策略、体例建构。

七、课题研究的基本思路

以《新经验语文教学》提出的"三三理论"为依据，以思维的"三重性"为基本架构，开展中学语文阅读教学与作文教学中思维训练的策略建构与实践体例探索，具体分两个方面、三个层次进行研究。

（一）阅读教学

阅读思维整体性训练—阅读思维同步性训练—阅读思维连续性训练。

创造性思维与阅读教学训练。

（二）作文教学

作文思维整体性训练—作文思维同步性训练—作文思维连续性训练。

创造性思维与个性化表达训练。

通过课堂阅读教学和作文教学思维训练实践，探索思维训练经验与案例，形成读写双向思维训练体系。

八、拟突破的重点、拟解决的关键问题及主要创新点

（一）拟突破的重点

建构基于核心素养的多元化读、写思维能力训练的路径、策略和操作体例。

（二）拟解决的关键问题

第一，学生阅读和作文中整体思维能力普遍较弱，导致课堂教学沉闷和低效，语文新课标教学要求难以落实，如整体感知环节难以落实等问题日益突出。

第二，学生阅读和作文思维能力缺乏系统训练方法和操作体例，导致学生的思维能力得不到系统培养和提高。

第三，思维与语言密切相关，由于思维能力发展跟不

上知识学习的要求，学生的语文综合素养（如表达能力等）提升受到制约。

第四，由于现行语文课堂教学对思维训练的忽视或者表层化，导致学生读、写学习方式简单化、平面化，深层解读能力和个性化表达能力提高缓慢，语文学习兴趣平淡，教学效果不明显。

（三）主要创新点

本课题研究试图突破传统语文教学面临的尴尬与困惑，从思维发展的规律、思维与语言的关系等角度，探索建构基于思维能力训练的读、写教学策略和实践操作体系，培养学生全新的读写方式和语文学习思维，体现读、写的个性化与实效性。

九、研究方法、手段和研究计划

（一）研究方法

主要研究方法和手段：

文献研究：主要了解国内语文思维训练的主要模式和成功经验，深化对语文思维训练作用的认识和理解，逐步完善思维的三重性理论，为本课题研究夯实理论基础。

行动研究：按照思维的三重性开展课堂读写教学中思维训练的实践探索，积累相应的思维训练策略和操作思路，积累落实新课标和核心素养对学生思维能力发展的有效案例。

调查分析：主要是对语文教学和学生学习中思维训练的现状进行调查，要充分解剖在落实新课标和培养学生思维能力方面存在的问题，为教学实践研究提供指导和矫正意见。

案例研究：积累思维能力训练的优秀课例，为课题研究提供实践支撑。

（二）研究计划：周期为三年

第一阶段：（2018 年 1 月—12 月）

系统搜集国内现行语文教学思维训练的专著，了解国内中学语文教学思维训练研究现状；深化思维"三重性"理论，重点是思维整体性和阅读、写作训练策略和体系建构，积累成功案例；完成第一阶段研究报告，并发表相关论文。

第二阶段：（2019 年 1 月—12 月）

重点开展思维同步性和读、写训练策略和体系建构，积累成功案例；完成第二阶段研究报告，并发表相关论文一篇，着手撰写专著《语文思维训练的策略和艺术》。

第三阶段：（2020 年 1 月—12 月）

侧重进行思维连续性和读、写教学策略和体系建构，积累成功案例；完成课题研究结题报告，并发表关于思维训练的论文一篇；正式出版专著《核心素养与语文思维训练艺术》；申报广东省、深圳市教育科研成果奖。

十、课题研究预期成果

（一）出版著作

撰写出版《阅读教学新思维与语言三层次导读》（上、中、下 3 册）和《作文教学新思维与语言三层次导写》（上、中、下 3 册）等 6 本著作。

（二）研究报告

《中学语文教学新经验建构研究报告》《阅读教学新经验建构研究报告》《作文教学新经验建构研究报告》共 3 份。

（三）论文发表

发表中学语文教学新经验体系建构的系列论文 9 篇及以上，争取其中 6 篇在核心期刊发表。

（四）科研评奖

课题研究成果力争申报获得深圳市教育科研成果二等奖以上或广东省教育科研成果三等奖以上的奖项。

十一、负责人前期研究基础及相关成果

（一）主要研究成果

1. 出版著作：（共 5 部）

（1）专著《新经验语文教学》，由云南人民出版社出

版，语文教育家、著名特级教师钱梦龙、李镇西作序，向全国语文教师推荐。该书提出了语文教学的"三三理论"，特别是关于思维训练的全面论述和对语言训练的深层次阐述，具有很重要的指导意义。

（2）专著《语文教学的艺术》，由深圳海天出版社出版，《中学语文教学》主编、全国中语文副秘书长张蕾作序。

（3）专著《闯——杨祥明语文教学论集》，由陕西人民出版社出版，语文教育家、著名特级教师钱梦龙先生作序并向全国语文教师推荐。

（4）作文教学编著2册《初中情趣作文导写》，湖南少儿出版社出版。

（5）《初中不同课型素质化教学策略和行动研究》，陕西人民教育出版社出版。

2. 论文发表：（部分相关研究论文，共21篇）

（1）《语文新经验建构的基本策略——基于思维能力培养的阅读教学策略》发表在全国中文核心期刊《中学语文教学》2016年第2期，中国人民大学复印资料《初中语文教与学》2016年第8期。

（2）《基于语言能力训练的阅读教学策略》发表在全国中文核心期刊《中学语文教学》2016年第8期。

（3）《语文思维训练与教学创新设计》发表在《中小

学教材教学》2018 年第 6 期。

（4）《初中语文诗化阅读教学例谈》发表在全国中文核心期刊《中学语文教学》2018 年第 6 期。

（5）《关于作文教学经验重构的思考》发表在全国中文核心期刊《语文教学与研究》2013 年第 10 期"新观察"栏目。

（6）《阅读教学的尴尬与突破》一文发表在全国中文核心期刊《中学语文教学参考》2013 年第 7 期，本文作为要目登上当期封面；中国人民大学报刊复印资料《初中语文教与学》2013 年第 10 期全文转载。

（7）《基于思维训练的作文教学策略》发表在全国中文核心期刊《中学语文教学》2013 年第 8 期。

（8）全国中文核心期刊、中国人民大学报刊复印资料《初中语文教与学》2014 年第 3 期全文转载《基于思维训练的作文教学策略》。

（9）《课堂阅读教学的心理特征及其对策》发表在首批全国中文核心期刊《语文教学与研究》1998 年第 4 期。

（10）全国中文核心期刊、中国人民大学报刊复印资料《中学语文教学》1998 年第 6 期全文转载《课堂阅读教学的心理特征及其对策》。

（11）《精点导析，电脑示妙》发表在全国中文核心期刊《中学语文教学》1997 年第 9 期。

（12）全国中文核心期刊、中国人民大学报刊复印资料《中学语文教学》1997 年第 11 期全文转载《精点导析，电脑示妙》。

（13）《作文教学中的主体性问题》发表在《山东教育》1997 年第 14、16 期。

（14）全国中文核心期刊、中国人民大学报刊复印资料《中学语文教学》1997 年第 9 期将《作文教学中的主体性问题》收录索引。

（15）《语言认识的三个层次及阅读教学改革》发表在《山东教育》1999 年第 11 期。

（16）《重读张志公语文教学论集》发表在首批全国中文核心期刊《语文教学与研究》1999 年第 1 期。

（17）《关于阅读教学的思考》发表在《深圳教育学院学报》1998 年第 2 期。

（18）《说明文导学五法》发表在全国中文核心期刊《语文教学通讯》1997 年第 11 期。

（19）《依依乐韵，绵绵文思》发表在全国中文核心期刊《语文教学与研究》1997 年第 12 期。

（20）《以"三级目标"规范语文教学》发表在《湖南教育》1996 年第 8 期。

（21）《略谈作文批改的几个问题》发表在《中学语文》1998 年第 8 期。

3．课题研究：（共9项）

（1）独立主持广东省规划课题"中学语文教学新经验体系建构研究"，已结题。

（2）独立主持深圳市级课题"中学语文教学新经验体系建构研究"，已结题。

（3）独立主持中国教育学会课题"作文教学经验重构策略和行动研究"，已结题，获全国二等奖。

（4）独立主持市级课题"阅读教学经验重构策略和行动研究"，已结题。

（5）联合主持（副组长）国家"九五"规划重点课题子课题"初中不同课型素质化教学策略研究"，已结题，获全国一等奖。

（6）作为核心成员（第一成员）参与广东省教育科学规划课题"道德的经验建构与教育方式的变革"，已结题。

（7）独立主持深圳市级课题"基于核心素养的语文思维训练研究"，正在研究中。

（8）作为核心成员（副组长）参与广东省教育厅立项的省级课题"中学实施'奠基教育'的策略和行动研究"，正在研究中。

（9）主持区级课题"线索教学法探索研究"，已结题。

4．获奖情况：（共9项）

（1）《关于作文教学经验重构的思考》获全国论文一

等奖。

（2）获市、区级语文教学竞赛一等奖 5 项。

（3）1999 年获评深圳市优秀教师。

（4）2001 年获评深圳市首批中青年骨干教师。

（5）2015 年获评深圳市第二批教育科研专家工作室主持人。

（6）2017 年获评深圳市第三批教育科研专家工作室主持人。

（7）2017 年获评深圳市先进教育工作者。

（8）2018 年获评中国教育服务中心特聘专家。

（9）2017 年获评深圳市第二批教育科研专家工作室考核优秀。

（二）已经收集的有关资料

1．语文思维训练专著和思维教学流派（详见研究现状部分）。

2．本人关于思维教学的专著和系列论文（详见研究现状部分）。

（三）完成本课题研究的条件保障

人员保障：本工作室聚集了来自全市各区名校的名师 15 人，他们都具有比较丰富的教学经验和较高的理论水平，而且事业心强、富有责任感和使命感。

学术保障：本工作室拥有一批全国、省、市语文教育科研专家资源，他们是我们开展课题的强有力的学术资源，特别是市教科院的专家团队提供强有力的指导和引领。

　　经费保障：本工作室每年都有专项经费，为课题研究和成果发布提供经费保障。

与钱老师合影

语文思维训练与教学创新设计

——初中语文课堂阅读教学例谈

语文核心素养的基本内涵尚无权威界定，比较一致的观点是，其主要内涵包括四个方面：语言建构与运用、思维发展与提升、审美鉴赏与创造、文化传承与理解。显然，思维训练成为语文核心素养的重要内容。但语文思维涉及的内容非常广泛，从"工具说"所强调的"字词句段语修逻文训练"，到"能力说"所提倡的"听说读写训练并重"，再到"人文说"所主张的"情感态度价值观培养"，都包含了思维训练的要求。语文思维的具体类型也很多，最重要的思维方式是创造性思维，它是中学生语文思维训练的重要内涵和任务，也是新课程理念和核心素养对思维训练的基本指向。

所谓创造性思维，是多重思维方式的综合运用，其核心是批判性思维、发散思维、求异思维等，要求在语文教学中体现学生思维的个性化、独特性，通过各种途径和方法，多角度理解语文学习的内容，创造性地解读文本，拓展解决问题的思路。这正是语文新课标提出的要求，"对课文的内容和表达，有自己的心得，能提出自己的看法和疑问"，"发展独立阅读能力……对阅读材料能做出自己的分析、判断，努力从不同角度和层面进行阐发、评价和质疑；注重个性化阅读……获得独特感受、体验和理解……学习探究性阅读和创造性阅读……"（《语文新课程标准》）

在初中语文教学中，如何进行创造性思维训练，培养学生质疑、批判精神，最终实现培养学生有个性、独特的理解和表达的目的，笔者结合语文课堂阅读教学实践，进行了一些积极的思考和探索。

一、整体感知与批判思维训练

语文新课程理念，要求语文阅读教学注重对文本的整体把握，即整体感知。根据阅读思维规律，对任何文本的解读，都应该遵循"由整体到局部、从宏观到微观、由粗到细"的理解思路，因为每一篇文章都有其内在的写作规律和逻辑思路，都体现了不同文体的思维特点，打上了作者主观色彩的烙印。即便是同一文体、同一题材，在不同作者的笔下，所呈现的情感、态度和价值观也会各不相同、千差万别，带有鲜明的个性。按照传统语文教学的做法，只要理解作者的思维路径和思想情感，与作者产生思想情感的共鸣，便是有效的阅读理解，完成了阅读教学任务。

但是，新课程理念强调阅读教学要引导学生对文本进行个性化、独特的解读，不要拘泥于作者、编者的意图，要读出个性，读出新意，读出自己的感悟，这是符合阅读的本质规律的。因为阅读文本本身就是作者主观意识的反映，具有鲜明的主观色彩，其思维特点往往具有明确的指向性和单一性，如果单就作者的思路去理解文本，那就陷入了思维僵化的泥潭。而且，很多文本作者的主观意图并不是单一的。再说，阅读本就是一种主观认知、感悟的过程，是一种带有读者个性思维特点的独特体验。因此，在阅读教学中，应该引导学生"仁者见仁，智者见智"，结合自己的生活经历和体验，大胆质疑，创意理解，读出个性，读出新意，发展学生批判性思维能力。

怎样结合整体感知环节，培养学生的质疑和批判思维，一般可以从以下几个方面着手。

（一）理清作者思路，实现读写思维同步

创造性思维培养，要以理解作者本意为前提。只有理解了作者的写作意图，把握作者力图表达的思想情感，才能在此基础上拓展新的理解思路。叶圣陶先生说："作者思有路，遵路识斯真。"又说："教师备课要在作者的思路上。"（《叶圣陶语文教育论集》，教育科学出版社1985年版）这就是强调理解作者思路的重要性。只有让学生的思维与作者的思维实现同步，才能更好地理解作者的思想轨迹和情感态度，这是开展创造性思维培养的第一步，是创造性解读的基础。

（二）把握文本疑点，引导拓展解读路径

整体感知的创造性思维训练，要从文本整体出发，采用求异思维、发散思维等多种思维方式，对文本的思想内涵进行创造性的解读。或者对故事情节提出质疑，或者就人物评价提出新的观点，或者针对整体思想情感阐述不同理解。要充分鼓励学生结合现实情况和自身生活经历、体验，大胆解读，勇于创新，不拘一格，发散思维。当然，无论采用什么思维理解文本，都要紧扣文本，从阅读中展开思维，言之有理，持之有据，读出新的理解和感悟。

1. 情节质疑，感受人物真性情

在教学鲁迅的小说《社戏》一文时，按照作者的思路，就是表现"我"对童年生活以及小伙伴真挚友情的怀念，具体通过看社戏过程中的景物描写、小伙伴看社戏过程中的细节描写、回家途中偷吃罗汉豆等情节来表现主题。

在教学中，学生就夜航看戏和偷吃罗汉豆的情节，提出了两点质疑：一是几个小孩夜晚划船去赵庄看戏，存在安全问题，父母会担心，"然而外祖母又怕都是孩子们，不可靠；母亲又说是若叫大人一同去，他们白天全有工作，要他熬夜，是不合情理的"。可见，长辈们对于一群孩子划船去看戏还是有顾虑的。二是看戏归来途中，小伙伴偷吃罗汉豆，暴露了他们思想的不成熟和性格上的幼稚，"一面洗器具，豆荚豆壳全抛在河水里，什么痕迹也没有了"，这是伙伴们缺乏环保意识的表现。在应对八公公可能责怪的问题上，"双喜所虑的是用了八公公船上的盐和柴，这老头子很细心，一定要知道，会骂的。然而大家议论之后，归结是不怕。他如果骂，我们便要他归还去年在岸边拾去的一枝枯柏树，而且当面叫他'八癞子'"。在偷吃罗汉豆的过程中，"又不肯好好的摘，踏坏了不少"。六一公公的语言显然带有责备和不满。这些都体现了小伙伴们不能知错就改、顽皮、淘气、无礼等，都是不可取的。小说表现了小伙伴的淳朴和真挚友情，但也也不能忽略他们性格中的不足。这正是小伙伴的真性情的自然流露。

对于学生这些质疑，我给予了充分的肯定。阅读课文，就是要结合自己的经历和体验，结合时代特征，有自己个性化的理解，而且言之有理，持之有据，就是有意义的阅读和理解。这种创造性理解情节的思维训练，不仅不会削弱小说主题，相反人物更真实，更立体，更丰满，更加贴近生活的本来面貌。

2. 人物质疑，理解主题多面性

很多课文按照传统教学的理解，是具有片面性的，学生接受起来有困难。教师要引导学生敢于质疑，多角度解读，获得更加全面而深刻的感受，把传统课文中的精神内涵和时代精神融合起来，与时俱进。这就是旧文新读、经典新解的重要思路。

　　以《愚公移山》教学为例。在传统解读中，这篇文言文通常的理解是：通过愚公和智叟的对比，表现了愚公战胜困难的决心和毅力，反映了古代劳动人民克服困难的伟大气魄和坚强毅力。同时，反衬出智叟的目光短浅和思想顽固。

　　对此，学生提出了对人物的质疑。针对愚公的质疑主要有以下几点：一是不从实际出发，没有量力而行。"遂率子孙荷担者三夫，叩石垦壤，箕畚运于渤海之尾，隐土之北"，难度何其之大，路程何其之远，即便"子子孙孙无穷匮也"，"何苦而不平"，那也只是理论上的结果。二是没有用发展的眼光看问题。不了解地质的实情和变化，如果山里全是石头，或者由于地质变化山再度升高，"而山不加增"也只是主观臆断。三是缺乏生命和生活意识。生命是短暂的，应该做更多有意义的事，如果祖祖辈辈挖山，不做别的事，怎么生活？更谈不上人生的意义了。四是缺乏变通意识。面对大山，虽有交通不便之虞，却有优美的环境、清新的空气和丰富的资源，可以充分利用，自给自足，生活美好。再说，修路、搬家等也未必不是一种选择。

　　学生据此认为，愚公的执着奋斗精神值得学习，也是每一个现代人面对困难所需要的，但他的做法并不可取。可见，愚公确有"愚"的一面。

　　针对智叟学生也有新的理解。"以残年余力，曾不能毁山之一毛，其如土石何?"虽有目光短浅之嫌，却也是实情。而且持这种观点的人还有愚公的妻子，"以君之力曾不能损魁父之丘，其如土石何"? 可见，不赞同愚公移山的人不只是智叟一人。故事的结局也证明，不是愚公移山成功，而是神灵的帮助。"帝感其诚，名夸娥氏二子负二山。"可见，愚公移山只是愚公美好的愿望而已。由此看来，智叟也是有自知之明的，具有"智"的一面。概括起来说，学生认为"愚公不愚，智叟也智"。

对于学生这种多角度解读，我认为难能可贵，其中闪耀着创造性思维的光芒，值得肯定和鼓励。我结合其他文言文整体感知，进行了一系列的创造性思维训练。如结合《曹刿论战》《邹忌讽齐王纳谏》等，引导学生开展"我眼中的鲁庄公""我眼里的齐威王"等，为鲁庄公和齐威王点赞，学生思维活跃，观点新颖，言之成理。加深了对课文的理解，很好地培养学生的创造性思维，提高了学生对文本理解的能力。

二、问题探究与发散思维训练

问题探究，是对课文深入理解的重要环节。需要探究的问题，往往是关系文本主题和写作技巧的关键，也是进行发散思维培养的重要途径。教师应该引导学生结合自己的生活经历和感受，进行个性化的理解，不要拘泥于作者和编者的意图，要有学生自己的独特认知和感悟，才能更好地理解文本的思想感情和写作技巧。

以鲁迅的小说《社戏》教学为例。小说结尾写道："真的，一直到现在，我实在再没有吃到那夜似的好豆，——也不再看到那夜似的好戏了。"

这是全文的一个关键句子，如何引导学生进行问题探究，直接关系到对文本主题的理解。

按照语文教学的一般理解，就是：那夜的豆其实很普通，并没有什么特别，所看的社戏也并不精彩，而作者真正难忘的是看社戏和吃豆过程中所感受到的小伙伴的真挚友情、沿途优美的景物，难忘的是充满童真的生活经历。这样，就把学生完全引到编者的意图上去了，算是圆满完成了教学任务。

为培养学生探究问题的创造性思维，我引导学生大胆解读，发散思维，多角度理解这句话的内涵。学生思维活跃，纷纷结合自身经历和体验，提出了一些新的理解思路。

一是反映了小伙伴渴望自由和快乐的生活。"我"在城镇生活，天天要读书，在"三味书屋"读"秩秩斯干，幽幽南山"这类晦涩难懂的书，缺乏童年的乐趣。而以双喜为代表的小伙伴，白天也要帮助大人干农活，自然童趣不多。因此，他们脱离父母的管束，自由自在地去看社戏，对小伙伴来说就是最快乐、最自由的事情，就像现在的学生放假和同学一起出去玩是一样的心情。学生结合已经学过的课文《从百草园到三味书屋》和自身经历来理解，自圆其说。

二是体现了野炊和看戏的浓郁情趣。偷吃罗汉豆，充满情趣，而且深夜归来，饥肠辘辘，因此大家抢着吃，就像学生野炊一样，同样的食物，在家里没觉得好吃，可是和同学们一起吃却津津有味；看戏虽然有精彩的片段，也有乏味的段落，但是和伙伴们一起看，就是一种乐趣，而且"我"对戏的内容记忆犹新。可见，那夜的罗汉豆是真的好吃，戏也是真的好看的。作者所表达的有两层含义：豆好吃，戏好看；小伙伴的友情也难忘。这两者不可分割。

学生的理解较之传统教学的思路更加深刻和全面，加深了对课文主旨的理解，也训练了创造性思维。应该予以充分鼓励和肯定，并加以正确引导。

再以课文《曹刿论战》教学为例。

课文旨在表现曹刿的深谋远虑和卓越的军事指挥才能。而对鲁庄公持批评态度，认为他目光短浅、平庸无能。在二人对比中表现曹刿的谋略和智慧。这是编者和传统语文教学的解读，失之偏颇。我引导学生重新评价鲁庄公，开展"我眼中的鲁庄公"问题探究。学生紧扣文本，大胆解读，为鲁庄公辩护，提出了新的解读思路和观点。

首先，鲁庄公从谏如流、胸怀大度。这是曹刿表现谋略的前提。"乃入见，问：'何以战？'"一个区区谋士，就能向君王面陈谋略，而且当面质问，鲁庄公一一陈述自己的想法。在指挥长勺之战的过程中，鲁庄公虚心接受曹刿的意见，"公将鼓之，刿曰'未可'。公将驰之，刿曰'未可'"，表现了鲁庄公善于纳谏和胸怀大度。

其次，鲁庄公礼贤下士、重视人才。曹刿身份低微，却能与君王当面论战，并遭曹刿屡屡否定，"小惠未徧，民弗从也"，"小信未孚，神弗福也"；作为一个小小谋士，却能与君王同坐一辆战车，一起指挥作战，"公与之乘，战于长勺"。正是因为鲁庄公的礼贤下士、重用人才，才能让曹刿表现他的指挥才能。

最后，鲁庄公不耻下问、虚心请教。战争结束后，鲁庄公向曹刿请教，"既克，公问其故"。

正是在这种发散思维训练中，学生的思维异常活跃，新观点不断。还有学生提出人才与环境的关系、领导与管理的艺术等一系列理解思路，深化了对课文的解读，达到了个性化、独特化学习的课堂教学效果。

三、语言品位与定向思维训练

阅读教学中的语言品味揣摩环节，也是进行创造性思维培养的重要途径。根据语言的不同特征，引导学生进行思维的定向训练，学会多视角品味揣摩语言的方法和技巧，实现思维能力和语言品味能力的同步发展。语言思维是和语言所承载的思想内容融为一体的，培养语言思维，要结合语言所表达的思想感情进行。语言的美感，体现在形美和神美两个方面，因此，训练语言思维，可以从形美思维和神美思维两个维度入手，具体思路如下。

（一）以形美思维多角度揣摩

品味语言，要分类进行。不同的语言呈现不同的形美，或者是叠词连用，具有韵律和谐、优雅咏叹之美；或者是修辞妙用，形成生动形象、气势磅礴之美；或者是巧用修饰语，构筑一气呵成、妙语连珠之美。这种不同形态的语言之美，就是语言思维定向训练的重要思路。

以朱自清的《荷塘月色》教学为例。文中写道："曲曲折折的荷塘上面，弥望的是田田的叶子。叶子出水很高，像亭亭的舞女的裙。层层的叶子中间，零星地点缀着些白花，有袅娜地开着的，有羞涩地打着朵儿的；正如一粒粒的明珠，又如碧天里的星星，又如刚出浴的美人。微风过处，送来缕缕清香，仿佛远处高楼上渺茫的歌声似的。这时候叶子与花也有一丝的颤动，像闪电般，霎时传过荷塘的那边去了。叶子本是肩并肩密密地挨着，这便宛然有了一道凝碧的波痕。叶子底下是脉脉的流水，遮住了，不能见一些颜色；而叶子却更见风致了。"

这一段对月下荷塘的精彩描写，流光溢彩，美不胜收。

如何品味和揣摩其中的美感，就应该根据语言的形美思维，多角度揣摩。

月下荷塘，美轮美奂。一是美在叠词的连用。如"曲曲折折""田田""亭亭""层层""缕缕""密密""脉脉"等一连串的叠词，将月下荷塘、荷叶、花香、流水，描绘得淡雅、优美，如诗如画，读来琅琅上口。二是美在修辞巧妙。"像亭亭的舞女的裙""正如一粒粒的明珠，又如碧天里的星星，又如刚出浴的美人""仿佛远处高楼上渺茫的歌声"等，生动形象，想象丰富，给人美的享受。以形美思维展开语言品味，语言思维在品读中得到有效训练。

类似的优美散文很多，都可以作为语言思维训练的范本。又如朱自清的《春》里对小草的描写："小草偷偷地从土里钻出来，嫩嫩的，绿绿的……"寥寥数语，叠词频出，将小草的茂密、柔软与可爱渲染得淋漓尽致。这就是语言的形美思维训练最好的范例。

（二）以神美思维一路径品味

语言的神美，是品味揣摩语言的重要思路。根据语言思维规律，形美是语言的外在表征，而语言所承载的思想感情，才是语言内在美的本质所在。以神美思维品味揣摩语言，关键是披文入情，深入语言所表达的思想感情来体会语言的美感，这是神美思维训练的重要路径。因为这种语言美，不是语言本身的美，看起来朴实无华，却能触动读者的心灵。从这个角度去品味语言，一定要结合文章的语言环境和人物的思想感情。简言之，就是神美思维训练一定要注重感受作者的思想和情感，从而领悟语言的内在魅力。

以朱自清的《背影》一文教学为例。这篇散文，行文朴素，语言平实，但是读来令人感慨，潸然落泪。因此，要以神美语言思维来品味其语言魅力。文中写道："我看见他戴着黑布小帽，穿着黑布大马褂，深青布棉袍，蹒跚地走到铁道边，慢慢探身下去，尚不大难。可是他穿过铁道，要爬上那边月台，就不容易了。他用两手攀着上面，两脚再向上缩；他肥胖的身子向左微倾，显出努力的样子。这时我看见他的背影，我的泪很快地流下来了。"

这一段文字极为质朴，但是读来令人唏嘘，原因何在？教师要引导学生结合故事背景和父亲的实际情况来阅读和理解。当时父亲失业，祖母病逝，家境惨淡，就是在这种情况下，父亲还要亲自送"我"上火车，为了买几个小小的橘子，父亲不顾年迈体胖，艰难地爬铁道，"探""爬上""攀着""缩""微倾"这一连串的动作，看似平淡，却饱含父爱，谁看见都会心酸落泪，感人至深。只有透过文字表面，理解人物的内心情感，才能感受这段文字的魅力。这种语言神美思维训练是语言品味揣摩的重要路径。

新课改理念为语文思维训练提供了广阔的空间，也为语文教学创新提供了清晰的思路。愿语文同行以思维训练为突破，不断深化语文教学创新设计，积累更加丰富的有效经验。

主讲全国示范课情景

基于思维训练的作文教学策略

语文新课标对初中、高中写作教学的要求，都包含了思维训练的内容："培养学生正确的思想观念、科学的思维方式……"，"尤其要注重激发学生的好奇心、求知欲，发展学生的思维……"；[①]"通过写作实践发展形象思维和逻辑思维、分析和综合等基本的思维能力，发展创造性思维"。[②]可见，以思维训练为核心的写作训练，是作文教学的重要思路。

作文的过程就是人的内在世界外化的过程，而人的内在世界是生活体验和个性思维的结合体。换言之，写作就是表达自己的生活和思考，即表达自己独特的思维活动。写作思维具有整体性、同步性和连续性三大特征。三者共同作用于文章的写作过程，但又相对独立，整体性关乎中心的确立，同步性有助于思想与语言的统一，而连续性促使思路连贯和严密。在具体作文教学中，根据思维的不同特征，进行作文专项训练，对提高学生作文思维能力和写作水平，不失为一种有效策略。

一、思维的整体性与"听写"作文训练

一篇文章应该是一个整体，动笔之前先要进行整体构

思（或打腹稿），围绕所要表达的中心意思（或者主要情感、观点），安排详略主次，理清通篇思路。没有事先的整体思考，匆忙下笔，要么就写不下去，要么就顾此失彼，以致思想和情感的表达支离破碎，难以成篇。这是写作的基本规律。

根据写作思维整体性原理，作文教学的第一步，就是要加强写作思维整体性训练，即让学生明白，作文的材料取舍和表达技巧的选用，都要为凸显中心（或情感、观点）服务，而不必纠缠于局部，因为小节上的不完善，无关宏旨，特别对于学习写作的人来说。具体而言，整体构思的目的是让读者听完或者快速阅读后，能够清晰地把握文章的大意、情感或观点，形成比较完整的印象，而不至于感觉文章像一盘散沙，不知所云。

基于思维整体性的作文教学方法有很多。"听写"作文就是一条有效途径。所谓"听写"，就是在"听"的基础上进行写作训练。先听后写，思维整体性得到反复训练，有助于文章通篇的把握。但这种作文教学策略，要求"听写"训练任务单一，并且要求学生精神高度集中，努力让自己的思维进入到作者的思路上去，与作者的思想同行。"听写"作文写什么，重点是对听的内容进行整理和重构练习，通过提纲式、线索式、脉络式的写作练习，训练学生写作思维的整体性。教师不要苛求细节，只要学生把"听"到的基本内容或大致情况写出来，就达到了目的。以下是"听写"作文训练的内容和基本思路：

（一）根据"听写"作文训练点，选定"听写"材料

就是结合作文训练的侧重点来确定"听写"内容。

可以根据不同文体特点，定向选取"听写"训练内容。训练叙事整体性，可以选择课外优秀记叙文范本、长篇小说连播的录音片段，甚至是学生的优秀习作等，把重点放在人物形象和故事情节完整性的"聆听"上；训练说理整体性，可以选取一些经典、规范的演说稿，或者课外浅显的议论性短文，侧重整体观点和说理逻辑的"辨听"；训练抓住整体特征介绍事物时，可选择与学生生活密切相关而又简明的说明材料，注重事物（或事理）整体特征的"识听"；训练联想和想象的整体性，就应当选择优雅、流畅的音乐名曲等，从音乐旋律和想象画面的结合上进行"美听"；训练景物描写的整体性，应当选取层次感强、修辞技巧典型的写景散文或者片段，重点关注描写对象整体美感的"赏听"。

也可以从文章整体出发，确定"听写"作文的训练点。如"文章整体感情基调""文章最基本的意思""贯穿全文的线索""介绍事物的顺序""语言的整体风格特点"等等。一句话，凡是属于文章整体特点的内容，都可以作为"听写"训练的目标。

（二）聆听文章录音，整体感知"听写"材料内容

为了体现"听写"的完整性，尽量选取录音材料，或者教师事先进行朗读录音，教师明确"听写"任务或重点，要求学生紧扣"听写"目标，高度集中精力，闭目聆听，不用动笔，只关注整体思想或情感，力求形成对文章的完整印象。

（三）梳理整体印象，快速编拟复写作文提纲

叙事文重点列出情节提纲和触动自己的细节点；议论文主要写出文中的主要观点和说理思路；说明文要求写出说明对象的总特点和说明顺序。并根据听写要求，进行提纲式、线索式整理，形成初步整体思路。

（四）根据记忆和提纲，进行复述性、拓展性写作

学生"听写"作文时，只要不偏离整体思想、情感、观点以及基本思路，便允许学生添油加醋、添枝加叶，大胆联想和想象，进行复述性、拓展性作文训练，有效地激发学生写作的积极性。写完后，教师可以挑选学生佳作与范本比照评讲，重点评价整体思想和基本思路的一致性和契合度。

以听音乐作文教学为例。

这是思维整体性训练的重要方法之一。一支优美的乐曲就是一个动人的故事，情节完整，扣人心弦，让人听来思绪万千、联想翩翩。音乐很容易引领学生进入一种情境，

感受乐曲开端、发展、高潮和结局，随音乐一起律动、体验、陶醉，与音乐共鸣，一个个完整的故事就会在学生的脑海里渐渐成型。教师再略加点拨，学生便会产生写作冲动。

在圣桑的钢琴曲《天鹅》听音乐作文的思维训练中，我是这样做的：

第一步：要求学生带着联想和想象，闭目聆听。悠扬的旋律徐徐响起，先是钢琴叮咚清脆的前奏，意境深远；继而管乐轻奏，起伏有致，平和悠远，恬静舒心；渐渐旋律欢快、活泼，充满生机与活力；曲调渐次高昂，最后以一个逐渐变小的高音作为尾声，令人遐想不已，思绪难收。

第二步：听完音乐后，要求学生梳理乐曲的整体思路，根据音乐与想象画面的结合，编写提纲。学生大都能够写出：开始，钢琴……天鹅飞翔；曲中，管乐……天鹅各种飞翔姿态；曲尾，音乐声高昂……天鹅飞向远方。虽然学生写的思路不尽相同，但都有较好的整体意识。这就基本达到了整体思维梳理的效果。

第三步：学生放飞想象和联想，闻乐写作。要求学生根据整体思路提纲，以《天鹅》为题，写一篇听音乐作文。在作文的过程中，轻声播放音乐。结果佳作不少。下面是一个学生的习作。

天　鹅

——听音乐作文

语文老师把录音机键钮一按，录音机里便传出了圣桑的《天鹅》曲那悠扬的旋律。

音乐一开始，钢琴清脆叮咚的前奏，吹散了迷蒙的白雾，把我带到怡人的湖畔。广阔的湖面，泛着细细的波纹，闪着点点银光。阳光那么灿烂，微风那么和煦。岸边一排排柳树轻轻晃动着翠绿的枝条，低垂着，点着水。

这时，一群雪白的天鹅从天而降，扑腾着翅膀，一只接一只轻盈地落在水面上，溅起一团团小小的浪花。……曲中管乐轻奏，悠远平和。大约是天鹅飞翔了太久，终于找到了歇脚的地方。他们优雅的收拢着翅膀，像一只只竖起白帆的精致的小船，悠闲地在水面浮游。或是用淡黄的喙仔细整理凌乱的羽毛，或是将头伸向水里凉快凉快，冲洗一路风尘。

音乐高低起伏，活泼欢快……一只天鹅突然展开双翅，紧贴着水面低飞，红色的脚掌划在水面，像欲冲向云霄的银色战机，随即，又忽的落下来，扎进水里，打了个滚。接着，又一只天鹅这么一起一落，继而，所有天鹅都轻轻弹起，斜飞而下，一只跟一只，这么快活的嬉戏着，嘎嘎叫着，累了便顺着水面漂啊漂……好像一个个跳动的音符，跳得那样欢快，可爱极了。

音乐的曲调渐渐高昂，仿佛领头的天鹅正在起飞，忽升忽落，盘旋着，催促着它的同伴。伙伴们一只只飞向天空，呼啦啦，那洁白的羽毛，橘红的脚掌还滴着小小的水珠。它们盘旋着，依依不舍……

音乐以一个逐渐变小的高音为尾声……我目送着天鹅优美的身影，越飞越远，消失在太阳灿烂的光辉中……

（初一学生 周雯）

习作虽然尚显稚嫩，但思维完整顺畅，衔接自然，联想和想象合理，堪称佳作。可见，这种听音乐作文训练，促进了学生写作构思的完整性。

二、思维的同步性与口头作文训练

作文思维的同步性，指的是思维与语言的关系。思维与口头语言（或心理语言）同步，却不与书面语言（即文字）同步，主要是因为文字书写需要时间，用书面语言记录思维活动比较困难，而口头语言就能轻而易举地同步表达思维活动。思维活动和书面语言表达的关系，就好比飞机和汽车要同时到达目的地，飞机不得不先停降一样。这种思维特征与学生的写作关系密切，因为学生作文不是用口语，更不是用心里话，而是要诉诸笔端。叶圣陶先生多次强调:"我们想问题时,必须依傍语言材料才能想,所以思维活动的过程同时就是语言形成的过程。"③作文教学要帮助学生实现思维与书面语言的同步,就有必要进行从思维到写作的过渡性训练,最好的过渡训练就是"说",即口头作文训练,或者叫作"说文"训练。

"口头作文"训练的思路和成功经验不少。但是,着眼于学生思维与语言同步的口头作文训练,还不是太多。怎么训练,应该把"说"和"写"结合起来进行,先说后写,思维的同步性就得到了较好的训练。具体教学内容和思路如下:

首先,从学生最熟悉的生活入手,设计口头作文内容。引导学生从自己说起,包括生活、思想、性格、兴趣和情感,由近及远,由自己到家人,由家庭到学校,形成以"自我认识"为主旨的口头作文内容体系。

设计系列活动课,引导学生在活动中进行口头作文训练。如新生入学第一节作文课,就可以安排学生"说自己",向同学和老师做自我介绍,要求用故事的形式,反映自己的个性、情趣、爱好和梦想等,说了之后,把它写成文章《这就是我》。类似的活动课还有很多,包括演讲、讲故事、推荐自己喜欢的书籍等。

其次,从学生心灵倾诉的需要着眼,设计口头作文内容。开展"想说就说""有话要说""不得不说""说出你的痛苦（快乐、烦恼、困惑、幸福、向往）"等作文教学活动，形成以"情感宣泄"为重点的口头作文内容体系。

引导学生在交流中进行口头作文练习。鼓励学生大胆向家长、老师述说，特别是和知心朋友进行心灵的倾诉，尽情诉说自己的喜怒哀乐、酸甜苦辣，在心情平复之后，及时写下《在我的心灵深处》或《心灵的声音》等作文，字里行间，充满真情，思维与语言完全同步。

也可以指导学生在私人空间进行说文练习。难言的苦衷，自我的陶醉，不便与人分享，可以对着录音机自言自语，说得痛快淋漓之后，再听听自己的声音，也许就是真情流露的佳作，再把录音进行整理，就可以写成《苦衷》《我陶醉》《我骄傲》等文章。这些文章，情感与语言都从学生心底流出，思维与语言水乳交融，高度统一。

最后，从阅读教学中说的训练出发，设计口头作文内容。如复述故事情节、描述人物形象、阐述文章主要观点、介绍文章的写作背景以及背后的故事、推荐相关资料等，形成以"自我展示"为核心的口头作文内容系列。

引导学生在学习中进行口头作文训练。在阅读教学中，要求学生复述故事、畅谈感受、评述人物、了解文章背后的故事等，说了之后，布置作文《读……有感》或者《由文中的……想到的》《我眼中的主人公》等，学生都有话可说，自然内容丰富、顺畅，说、写达成一致。

三、思维的连续性与作文思路训练

作文思维最重要的特征是连续性。我们常常讲，写文章要一气呵成、一挥而就，这就是思维连续性的体现。每篇优秀的文章都是一个整体，体现出不同文体思维的连贯和严谨。叙事性文章的故事情节具有开端、发展、高潮和结局；说理的文章逻辑性强，或多个层面并行，或逐层深入，层层推进；说明文介绍事物由表及里，由现象到本质，由原因到结果，或有时间先后，或有空间位移，或有主次轻重。这种按照事物（或事理）本身的逻辑性依次展开、环环相扣的行文思路，这就是思维的连续性。

这种写作思维的连续性，表现在同一篇文章里，包括全篇思维、局部思维、段落思维等思维的连贯和顺畅；表现在不同文体的写作中，包括叙事思路、说明思路、说理思路以及文学作品情节的构思等思维的连续性。为此，作文教学要着眼于写作思维连续性训练，关键是多种写作思路的练习。

以叙事思路连续性训练为例。

叙事类文章一般以时间为序，用一条线索贯穿始终。而体现思路的语言常常以时间名词或者特定的词语为标志。如《社戏》一文，以看社戏为线索，按照"看戏前—看戏中—看戏后"的思路构思全篇。又如《背影》一课，是叙事散文，以"父亲的背影"为线索，按照"点背影—引背影—看背影—忆背影"结构全篇，思路十分连贯、清晰。

命题作文《成长的烦恼》怎样进行思维连续性训练呢？较好的办法是，指导学生分两种情形来构思：写一件事，可以按照"起因—经过—结果"构思，也可以按照反向思维来构思，如"成功烦—不成功也烦"或者"好也烦—不好亦烦"等；如果写多件事，应该按照不同事情的分类或者烦恼的程度来构思，如"生活烦—学习烦—交友烦"或者"烦—更烦—最烦"等。遵循事物内在的逻辑性来突出写作思维的连续性，文章才能如行云流水，浑然天成。

这只是记叙文写作思维连续性训练的基本思路，具体运用可以灵活多样，配合插叙、倒叙、补叙等技巧，文章会更富有悬念，也更曲折，效果更佳。

本文所述，只是基于写作思维专项训练的作文教学策略和实践尝试。需要补充说明的一点是，写作思维的三个特征，在具体写作中有时需要同时运用，听、说、写一体化，这是思维与写作的综合训练，就留作他文再述。

当然，随着新课标的解读在教学实践中逐步走向深入，将会有更多以思维训练为切入点的作文教学策略和思路，有待进一步探索和实践。

参考文献

1.《义务教育语文课程标准》（2011 年版，中华人民共和国教育部制定），北京师范大学出版社 2012 年 1 月版，第 20 页。

2. 中学语文教学资源网—杂文参考—教育部《高中语文新课程标准》原文：必修课程·表达与交流第 3 条，2012 年 3 月 20 日。

3.《叶圣陶语文教育论集》下册，教育科学出版社1980 年版，第 672 页。

杨老师上全国示范课（深圳）

语文教学新经验建构的价值
考量和基本策略

语文新课程改革多年来，已经逐步形成体现新课程理念的教学经验和模式。但新课改的理念如何在继承传统经验的基础上，实现新的发展，需要创新思路，大胆尝试，建构新的语文教学经验和实践路径，为语文教师提供参考和借鉴。为此，笔者结合课改新理念，从思维和语言两个角度，开展了中学语文教学新经验建构课题研究。

一、语文教学新经验建构的价值考量

（一）传统语文教学经验需要继承、发展和重构

许多传统经验并不是一无是处，如"死记硬背"就促进了语文知识的积累，夯实了语文能力发展和综合素养提升的基础。从积累的角度而言，记背训练也需要继承和发展，需要建构新的记背训练经验和实践路径，把记背训练放在能力发展和整体阅读的背景下，就是一种新课标理念的体现。其实，听、说、读、写四种能力，在传统语文教学和新课标理念教学中是一脉相承的，只是在教学的内容、过程、方式和方法上有所区别。因此，传统语文教学中的

许多做法只要重新建构，为我所用，就能够更好地落实新课标理念，如划分段落、理清脉络、概括段意、理解关键词句的含义等，在新的阅读理念中也还是可以加以利用的，关键是从什么角度利用，如何利用，这都是传统经验发展和重构的问题。

（二）新课标理念要求语文教学建构新经验

语文新课标坚持四个理念：一是全面提高语文素养，二是正确把握语文教育的特点，三是积极倡导自主、合作、探究的学习方式，四是努力建设开放有活力的语文课程。从语文课程的内容到教学方式，都实现了重大改革，当然需要积累与之相适应的语文教学经验和案例。经过多年的实践探索，已经出现了许多成功的教学经验和模式。但一线的语文教师在长期的教学实践中，仍感觉存在许多有待解决的问题。

（一）文本整体感知举步维艰

经过较为广泛的观察和了解，只要是普通学校、普通班级，无论初中还是高中，语文课堂整体感知环节，学生普遍都感到比较迷茫。课堂常常出现这样的情形：学生或者一片茫然，支支吾吾；或者说得支离破碎，答非所问；或者语无伦次，不知所云。

究其原因，进入中学阶段，特别是高中，现代文的篇幅逐渐加长，有的小说甚至近万字，整体感知的难度本来就不小，加上学生没有足够的时间预习，整体感知自然脑海茫然一片，即便是一位阅读能力很强的成年人（如教师），也未必能够在短时间预习或者听读一遍之后，就能整体感知文章的重要内涵，何况阅读能力还在发展之中的中学生。

更重要的原因在于，学生的整体思维能力还比较弱，又没有整体感知的系统方法指导，一上来就整体理解，效果自然不佳。如《社戏》《祝福》《荷花淀》《边城》等篇目，篇幅较长，初读一遍或者仅仅是听读一遍，就让学生整体感知其内容，即便再好的问题设计和引导思路，也难有好的效果。

当然，这并不是整体感知本身的问题。由整体到局部的阅读思路，是符合人的认知基本规律的。关键是感知什么，怎么感知，感知的思路和方法是什么，没有这些知识和经验的准备，没有学生思维整体性和连续性的系统训练，整体感知课文只能是一句空话，很难真正落到实处。

可见，建构思维整体性、连续性阅读教学经验，是解决整体感知问题的重要策略。如听读训练、默读训练等。

（二）问题探究难以深入

课文整体感知之后，学生自然会产生许多疑问。应当在阅读中生疑，在阅读中释疑。还是要回到文本，这正是阅读的意义所在。

由于整体感知环节不到位，学生对文章思想、情感、态度、观念的理解不够准确或者不够深入，导致对重点问题的探究显得无所适从，或停留于问题的表面，难以深入；或就问题论问题，不善于联系上下文；或着力结合语境，却找不到切入口。这种问题探究的艰难，在阅读教学中经常会碰到。

主要是由于思维的同步性和口语表达训练的不足。一方面，学生在阅读过程中，没有读到作者的思路上去，更谈不上与作者的思想碰撞和产生共鸣，也就是没有和作者的思维同步；另一方面，由于学生阅读速度较慢，对文本的整体思路没有完整印象，加上口语表达滞后，致使阅读思维（作者思路）和口语表达（问题探究）没有同步；还有一个原因，探究问题不能瞻前顾后、前后联系，没有形成对文本完整连续的印象（完整的语境），思维是片段式、碎片式的。

还是以《社戏》为例，这篇课文的重点问题之一，是结尾一句"真的，一直到现在，我实在再没有吃到那夜似的好豆，也不再看到那夜似的好戏了"有什么深刻含义。如果问学生，那天夜晚的豆真的好吃吗，戏真的好看吗，学生的回答都是否定的。既然如此，文中"我"为什么要说反话呢？岂不是自相矛盾。面对这个问题，绝大部分学生会一筹莫展，虽然有个别学生似乎有一点感觉，作者说的已经不是豆和戏本身了，却又说不清楚究竟是什么让文中的"我"产生了这种想法。

这就需要建构思维同步性、连续性阅读教学经验和口语表达训练经验。如速读训练、即时口语表达训练等。

（三）语言认知差异制约阅读教学

语言教学是阅读教学的重要内容。学生语言认识的差异，决定了阅读教学要体现差异化和个性化。结合不同学段、不同个体学生语言认识的特点，采用与之相适应的阅读教学方法，是提高阅读效果的前提。

人们对语言认识的三个层次，也可以说是三种境界。第一境界：关注形美，陶醉文采。因为过于注重语言文字的华美，导致阅读速度缓慢，读后整体印象模糊，或者支离破碎，阅读效果自然不好。第二境界：形神兼顾，文意皆美。语言和思维合一，注重语言所承载的思想内涵和情感，语言因为思维严密和情感的丰富细腻而显得美好，阅读速度快捷，整体印象深刻，而局部字词印象模糊。第三境界：由神入形，以神驭形。这是语言认识的最高境界，先入"神"，再悟"形"，以神驭形，体现语言的至美境界。阅读中，眼里没有语言文字，只有流淌在字里行间的思想和情感，与作者思维高度融合，产生共鸣和碰撞，阅读速度极快，读者感受到的不是语言文字，而是思想和情感，为思想和情感而流出的语言是至美的。

这种语言认识的不同境界，需要建构与之相适应的阅读教学经验。

解决这些问题的关键是要抓住新课标对语文教学的核心要求。仔细研读初中、高中语文新课标，我们发现，发展学生的思维能力和语言运用能力，是达成所有目标的核心内容。因此，构建语文教学新经验一定要体现语文新课标的核心要求。

二、语文教学新经验建构的基本策略

语文教学新经验建构的路径很多，本文仅从思维和语言两个角度，探讨新课标语文教学经验建构的基本策略。

（一）基于思维训练的阅读教学策略

从思维训练的角度，设计阅读教学，抓住了阅读能力形成的核心，能够促进思维能力和阅读能力的同步发展，逐步形成学生自主阅读方法体系，达到让学生学会阅读的目的。

1. 思维的整体性与听读训练

根据阅读思维整体性原理，一篇文章就是一个整体，怎么开头结尾，如何安排详略主次，如何过渡衔接，都有内在的规律和文体特点。叙事文故事情节具有开端、发展、高潮和结局；论述文阐述的道理具有严密的逻辑性，或多个层面并行，或逐层深入，层层推进；说明的事物由表及

里，由现象到本质，由原因到结果，或有时间先后，或有空间位移。这些都具有事物或道理本身的规律性和逻辑性，依次展开，逐层深入，这就是写作思维的整体性和连续性特点。

而这种写作思维的特征决定了阅读思维必须具有整体性和连续性。叶圣陶先生说："教师备课要在作者的思路上。"[①]同样，学生阅读理解也要让思维进入到作者的思路上去，和作者的思想同行，或者碰撞，产生火花，引起共鸣。在此基础上，进行适当的整体感知方法训练，如文体特点、感知思路、语言特点、结构技巧等，再让学生整体感知课文，就会水到渠成、事半功倍了。

这里最关键的是阅读思维整体性和连续性的训练。训练的方法很多，以听读教学为例。

"阅读课堂，首先应努力促使学生进入阅读教学的思维临界状态。著名特级教师魏书生老师在这方面的做法，令人耳目一新。他往往在课前让学生静坐、清静心智，闭目养神，甚至教学生气沉丹田。这看似练功，叫人迷惑，但仔细一想，这样做，不仅可让学生心情放松，精神集中，更重要的心理作用在于：它使学生的思维达到了进入课文作者思路的临界状态，这对学生的整体思维和阅读理解训练，大有裨益。"[②]

"但这只是心理准备。整体性思维训练有许多成功的经验和范例，听读教学就是其中的一条思路。所谓听读，就是以学生听为主，伴随听读还有联想和想象，引导学生理解文章的思想和情感，感受作者的思维特点。很显然，听读就排除了具体语言文字的干扰，让学生的思想很快捷地进入了作者的思路。只要真正领悟了作者的思路与文章的思想感情，要学习作者的表达技巧应该不是一件难事了。"③

"在听读教学实践中，我很重视范读的质量，或自读或放录音。把阅读文本当作优秀的范文，'课文只是一个例子'（叶圣陶语）。学生听读时，不看书，闭目静听，用心感受，让思想紧跟作者思路，并且展开联想和想象，去领略文章精妙的思想内容，体会文中的情感。听完后，师生共同整理文章思路，复述故事情节，粗略感知文章中心思想，梳理思维线索，理清层次脉络。通过听说，强化整体思维训练。"④这个过程，就是对文本整体感知的过程，也正是语文新课程教学思想的印证。

在阅读思维整体性训练基础之上，辅以不同文体特点的知识系统建构，课堂阅读教学的整体感知就容易多了，效果也会明显提高。回到《社戏》的教学，如果先充分了解小说的情节的各个环节，理解详写与中心的关系，认识议论抒情对主题的意义，把握线索对构思的作用，那么，要理清小说的思路，理解详写看戏前小朋友解决各种困难、看戏途中的景物以及归途偷吃罗汉豆的情节，就轻而易举了。学生很容易感知作者的写作意图，进而理解结尾关键句子的深意了。

2. 思维的同步性与速读训练

思维的同步性包括两个方面：

一是思维与语言的同步。思维与口头语言（或心理语言）同步，却不与书面语言（即文字）同步，主要是因为文字书写需要时间，用书面语言记录思维活动比较困难，而口头语言就能轻而易举地同步表达思维活动。思维活动和书面语言表达的关系，就好比飞机和汽车要同时到达目的地，飞机不得不先停降一样。这种思维特征与学生的写作关系密切，因为学生作文不是用口语，更不是用心里话，而是要诉诸笔端。叶圣陶先生多次强调："我们想问题时，必须依傍语言材料才能想，所以思维活动的过程同时就是语言形成的过程。"⑤

二是读者思维与作者思维的同步。叶圣陶先生说："教师备课要在作者的思路上。"同样，阅读文本也应该读到作者的思路上去，与作者的思维同步，融合，共鸣，碰撞，产生火花，才能理解文本的深意和情感，把握作者的时代与环境，形成阅读的整体印象，从整体上把握局部细节、词句的妙处，才能把握阅读的精髓。

阅读教学要帮助学生实现以上两种同步，就有必要进行速读训练。快速阅读训练，特别有助于对篇幅较长的课文的整体感知。在速读训练中，关键要做好以下几点：

（1）忘却文字，专注内容。要求学生阅读时，不要关注具体语言文字，而要将精神集中于语言承载的思想与情感，让自己的思想与情感随着作者思维而起伏发展，进入到作者的思路上去。同时，要扩大阅读视野，提高整体认读能力。

（2）因文而异，确定重点。在快速阅读中，要结合不同文体特点，专注于不同的思想内涵。如《荷花淀》《社戏》这样的长篇小说，就要专注于小说的故事情节、环境与人物，而《在马克思墓前的讲话》等则要专注于文中的论点、论据，才能达成整体感知的目标。

（3）默读为主，培养习惯。培养学生默读的习惯，提高默读的速度，逐步培养形成眼脑直映的速读基本功。只有在快速阅读中，才能忘记文字，陶醉于思想和情感，形成读后的整体印象，为整体感知做好准备。

（4）掌握技巧，提高读速。引导学生学会跳读、预读、猎读和直读，减少回视，准确扫视，提高读速，在课外广泛涉猎知识和信息；运用定势理论，形成阅读的固定程序，培养速读能力。

3．思维的连续性与猜读训练

阅读思维重要的特征是连续性。我们常常讲，写文章要一气呵成、一挥而就，就是思维连续性的体现。每篇优秀的文章都是一个整体，体现出不同文体思维的连贯和严谨。叙事性文章的故事情节具有开端、发展、高潮和结局；说理的文章逻辑性强，或多个层面并行，或逐层深入，层层推进；说明文介绍事物由表及里，由现象到本质，由原因到结果，或有时间先后，或有空间位移，或有主次轻重。这种按照事物（或事理）本身的逻辑性依次展开、环环相扣的行文思路，就是思维的连续性。阅读教学要着眼思维的连续性，提高文本感知和问题探究的效果。

具体的阅读方法很多，这里以猜读训练为例。这种方法适合阅读中长篇小说等文章。

猜读训练方式大致有三：

（1）教学某篇课文之前，教师可让学生写作与其题目或话题相同的小练笔，然后再将自己的构思和课文进行对照性阅读。

（2）对节选类文本，可让学生联系已知情节猜测原文的开头或结尾。这样一来，学生就会或恍然大悟，或积极预测，或啧啧赞叹，或凝神细想，就会在兴趣盎然的同时收获良多。如《林教头风雪山神庙》节选，林冲杀了陆虞候等人以后，怎么样了？先让学生续写，再阅读小说《水浒传》后面的内容。

（3）根据文本情节，续写故事。如《孔乙己》一文，孔乙己最后离开咸亨酒店以后怎么样了？引导学生根据思维的连续性，合理想象，续写故事，学生兴趣盎然，效果良好。

（二）着眼语言训练的阅读教学策略

阅读教学的一个重要内容就是语言感悟和训练。从语言感悟训练着手，设计阅读教学，对于建构语文教学新经验尤为重要。基于人的语言认知的差异，需要进行差异化、个性化、多层次的阅读教学经验建构。

1. 语言的形美与美读教学训练

无论什么文体的文章，语言的华美（形美）都是不能孤立存在的，它一定是承载思想内容或情感体验的需要而呈现的语言美。但多数情况下，语言的华美体现在叙事、写景、状物的文章里，以散文居多。因此，结合散文语言的形美特征，构建美读教学经验，具有一定的实践意义。

叶圣陶先生说："所谓美读，就是在读的时候把作者的感情传达出来，这无非如孟子所说的'以意逆志'，设身处地，激昂处还他个激昂，委婉处还他个委婉，诸如此类。""美读得其法，不但了解作者说些什么，而且和作者心灵相通了。无论是兴味方面还是学用方面，都有莫大的收获。"⑥按照叶圣陶先生的说法，朗读很重要，美文美读更重要。

（1）读美文。如朱自清的《荷塘月色》《春》等就美不胜收，可以作为美读的典型范例。通过美读，引导学生体会文章的语言美，不仅仅是形式上的美，更是因为它们传达了朱自清借荷塘月色传递的淡淡的喜悦与哀愁，借春天的草、花、树、雨等抒发对春天的热爱和赞美之情。

（2）练美读。可以先是教师进行美读示范，积极引导学生进行美读。从节奏、轻重音、升降调等角度，对学生进行美读训练。例如，在讲解毛泽东的《沁园春·雪》时，教师可以先进行美读的示范。在朗读"北国风光，千里冰封，万里雪飘"这句时，教师若想表现意境开阔、气魄宏大的特点，就应该采用较高的音调和较缓慢的语速，在单个词语之间为了更加连贯和充沛感情的抒发，应该紧促一些来进行朗读。教师在朗读过程中的抑扬顿挫，可以引起学生的兴趣，刺激学生的感官，从而产生良好的课堂互动和心灵沟通。

（3）审视"丑"。引导学生对文学作品中的人物"丑"进行审视和评价，达到理解美的目的。

例如，《我的叔叔于勒》一文，描写了菲利普夫妇在于勒不同经济状况时的感情变化，深刻地揭示了资产阶级自私、贪婪和冷酷的特点，批评了"金钱至上"原则的丑恶。在朗读时，帮助学生理解这种情感的表达。通过在朗读过程中语气平淡、语速较快来传达出作者对这些人的厌恶之情。通过审"丑"能够帮助学生更好地理解文章内容，提高朗读技巧。引导学生在审"丑"的过程中，树立正确的人生观和价值观。

（4）创美境。利用课内外时间，创设各种美读情境，如组织美读的小竞赛，在秋游、社会实践等活动中，因势利导，进行美读训练等。学生在优美的环境中，感受美读的魅力，提高语文素养，培养语感，事半功倍。

2. 语言的神美与"情感式"阅读训练

语言的神美是指语言本身并不华丽，但是由于它所承载的思想内容或情感，给读者带来美的享受，或者是思想的启迪，或者是情感的震撼，或者是论证的严密。语言看似朴实无华，却能感人至深，引人入胜，催人泪下，读者得到美的体验。这种语言，就是以情感取胜，以思想取胜，这也是写作的精髓所在。

以朱自清的散文《背影》为例。文章故事简单，就是一次送行，语言也很朴实无华，但是细细读来，却让人潸然泪下。文中描写父亲艰难地过铁道买橘子的情景，只用了几个简单的动词，"跨过""探身""攀上""微倾""向上缩"，寥寥数字，再朴实不过，却将父亲买橘子的艰难和深深的父爱，表现得淋漓尽致。这就是语言的神美，是"情感式"教学的范例。

著名语文特级教师于漪，就是"情感式"阅读教学的杰出代表，她主张语文教学要讲出"美"来，悟出"巧"来，点出"活"来，练出"实"来。对于引导学生进行阅读情感体验训练，建构此类文章阅读教学经验，具有较为普遍的指导意义。

（1）引导学生突破语言形式，与作者思想同行。就是要尽量排除文字形式的干扰，让自己的思维进入到作者的思路上去，尽量直接感受作者的思想、情感、观点，并用自己的语言表达出来，实现思想感受与语言表达的同步。

（2）引导学生借助情感体验，感受语言的神美。结合文本的背景和环境，阅读文本文字深处的情感。学会搜集与课文相关的背景资料，从中了解作者写作的缘由和情感产生的起点，从而体会语言朴实而充满情感的神美特点。

（3）通过表情朗读体验情感，享受语言的神美。对于像《背影》这样语言朴实而情感充沛的散文，应该引导学生通过表情朗读，去感受父亲对儿子的深爱，感受字里行间浓浓的亲情，进而享受语言与情感融为一体的魅力。

（4）设计语言置换练习，体会语言神美的力量。在阅读教学中，引导学生将朴实而充满情感的语言置换成生动优美华丽的语言，在对比中体会朴实语言的不可替代性，感悟到朴实语言的神奇的力量。

3．语言的至美与阅读感悟训练

至美的语言其实也是最普通的，就像说话一样。它体现了一种"清水出芙蓉，天然去雕饰"的语言美。这种语言与作者的思维高度融合、完美统一，字字句句平朴如话，却含义极丰，完全是因为思想和情感喷涌而流淌的文字，与其说是文字，不如说是思维在流淌，这种语言美，就是一种至美境界，这种阅读感悟训练需要经验建构。

（1）引导学生学会阅读长篇文章的技巧。特别是阅读叙事文或者论述文，不注意文字，专注于故事情节、说理逻辑或行文思路，就会获得这种语言的至美感受。如《边城》《社戏》《项链》等，就适合这种阅读训练方法。

（2）设计快速阅读训练，感受语言至美境界。如引导学生学会浏览、略读、跳读、预读、直读、猎读等快速阅读形式。

（3）开展定向阅读训练，感悟语言至美力量。可以选取一些思想性较强、理论色彩较浓厚而思路又清晰简明的文章，进行快速阅读训练，要求学生阅读时精神高度集中，眼里只有字里行间的思想和情感，而不去在意具体字词，读完后快速说出作者的主要观点、基本思路和大致结构特点，也能收到事半功倍的效果。

总之，语文教学新经验的建构是践行新课标理念的探索，途径和方法很多，有待语文同行共同研究、不断总结。

关于作文教学经验重构的思考

毋庸置疑，中学作文教学经验已经相当丰富，从观察到写作，从语言到技巧，从思维到表达，从课内到课外，从局部到整体，从模仿到创新，从高效到快速，各种各样的作文教学体例，令人目不暇接、眼花缭乱。但是，教育主管部门几乎从来没有与语文课本同步配套发行过具有普遍指导意义的作文教材，一线的语文教师至今没有一种作文教学的系统经验和训练体例可以借鉴，中学作文教学的现状仍然是教师各自为政，存在较为突出的随意性和盲目性。即使在语文新课标颁布了多年的今天，语文课本不断更新，作为语文教学重要组成部分的作文教学也还是无本可依，缺乏可资借鉴的相应的系统经验。占语文考试40％权重的作文教学，急切需要一套或多套具有阅读教材一样的指导意义的作文教学经验和训练体例。这是落实语文新课程标准的需要，是一线中学语文教师的期盼。笔者结合语文新课程标准的实质和写作的内在规律，提出一些重构作文教学经验和体例的思路，期待引起语文教学同行的共同思考和探索。

一、新课标对作文教学系统经验重构的期待

仔细分析语文新课程标准对初中和高中（必修）写作的要求，我们就会发现，新的语文课程标准在作文教学上具有以下共同点：内容基本相同但层次要求不同，都包含写作、口语表达和综合体验三个要素。

初中把写作、口语交际和综合性学习分别进行说明，其实，口语交际和综合性学习也都属于写作范畴，写作是书面表达，口语交际和综合性学习都是口头表达和书面表达的综合体验，当然离不开写作的训练。从三者的具体内容来分析，我们发现初中作文教学要求学生"条理清楚地表达自己的意思"，"捕捉事物的特征力求有创意的表达"，"力求表达自己的独特感受和真切体验"，主要内涵包括生活、语言、技巧和思维训练，而语言和技巧其实就是写作，简言之，初中作文教学核心是生活、写作和思维。

高中（必修）把写作称为"表达与交流"，实际也包括写作、口语和综合体验三要素，但其具体内容和要求更高一些，更加强调思维训练，"通过写作实践发展形象思维和逻辑思维、分析和综合等基本的思维能力，发展创造性思维"；要求学生对生活认识更加深入，"丰富生活经历和情感体验，对自然、社会和人生有自己的感受和思考"；表达技巧要求也更高了，"力求有个性、有创意地表达"。概括

起来，其核心就是生活、思维与表达。

从以上分析不难看出，新课程标准对中学作文教学要求的实质，主要包含三个方面的训练：写作（口语和书面表达）、思维（形象思维和逻辑思维）、生活（综合学习和人际交流）。其实，这三者就是学生认识生活、感悟生活、表达生活的全过程。因此，从作文思维的特征、语言认识的规律和生活体验三者的关系来进行作文教学新经验的思考，从而建构新课标下作文教学的系统经验和体例，具有较强的教学实践意义和理论研究价值。

二、作文的思维特征与作文教学经验建构

作文的过程就是人的内在世界外化的过程，而人的内在世界是生活体验和个性思维的结合体。换言之，写作就是表达自己的生活和思考，即表达自己独特的思维活动。叶圣陶先生作文教学的核心观念"作文即做人，作文即生活，作文即写话"，同样强调的是思想、生活和语言。作文的思维特征要求作文教学经验体现三个层次，即作文思维的整体性、同步性和连续性，直接影响作文教学三方面：听、说和写的训练。

（一）作文思维的整体性与"听"的训练经验

一篇文章就是一个整体，怎么开头、结尾，怎么选材、剪裁，材料中包含什么情感和思想，如何安排详略、主次，

如何过渡衔接，事先都要进行构思，或者叫作打腹稿，打腹稿的过程其实就是整体构思的过程。没有事先的整体思考，匆忙下笔，要么就写不下去，要么就顾此失彼，以致思想和情感的表达支离破碎，难以成篇。这是写作的基本规律。

语文新课程标准要求阅读教学具有整体意识，人教版《语文教学用书》对文本的处理有一个共同特点，首先引导学生整体感悟课文，这就是遵循写作思维整体性的标志。因为作家写的文章是一个严谨的整体，先要有了整体感悟，才能理解作者真正的意图，也才能更好地解读文本局部和词句的内涵。叶圣陶先生强调"备课要备到作者的思路上去"就是这个道理。可是，现实的教学情况如何呢？比较普遍的现象是，由于学生缺乏整体性思维，或者预习不够充分，往往在阅读教学中很被动，整体感悟除了极个别思维能力较强的孩子零星的配合之外，教学几乎成了教师的一言堂，学生根本没有进入到作者的思路上去，这个环节令许多中学语文教师感到很难落实，很头痛。对学生进行整体思维训练，就显得尤为必要。

根据写作思维整体性原理，中学作文教学应该构建思维训练的系统教学经验。在阅读教学中开展听读教学，从写作的角度解读文本，寓思维整体性训练于听读之中，不失为写作思维训练的重要经验之一。

可以从阅读教学中探索构建写作思维整体性训练经验和体例的路径。

着眼于"写"的思维训练的阅读课堂,首先应努力促使学生进入阅读教学的思维临界状态。著名特级教师魏书生老师在这方面的做法,令人耳目一新。他往往在课前让学生静坐、清静心智,闭目养神,甚至教学生气沉丹田。这看似练功,叫人迷惑,但仔细一想,这样做,不仅可让学生心情放松,精神集中,更重要的心理作用在于:它使学生的思维达到了进入课文作者思路的临界状态,这对学生的整体思维和阅读理解训练,大有裨益。

但这只是心理准备。整体性思维训练与写作能力培养有许多成功的经验和范例,听读教学就是其中的一条思路。所谓听读,就是以学生听为主,伴随听读还有联想和想象,引导学生理解文章的思想和情感,感受作者的思维特点。很显然,听读就排除了具体语言文字的干扰,让学生的思想很快捷地进入了作者的思路。只要真正领悟了作者的思路与文章的思想感情,要学习作者的表达技巧应该不是一件难事了。

在听读教学实践中,我很重视范读的质量,或自读或放录音。把阅读文本当作优秀的范文,"课文只是一个例子"(叶圣陶语)。学生听读时,不看书,闭目静听,用心感受,让思想紧跟作者思路,并且展开联想和想象,去领略文章精妙的思想内容，体会文中的情感。听完后，师生共同整理文章思路，复述故事情节，粗略感知文章中心思想，梳理思维线索，理清层次脉络。通过听说，强化整体思维训练。这个过程，就是对文本整体感知的过程，也正是新课程教学思想的印证。

听音乐作文是思维整体性训练的重要方法。"一支优美的乐曲就是一个动人的故事，情节完整，扣人心弦。那摇曳婉曲的旋律，传送千种风情、万般神韵，含蕴喜怒哀乐、酸甜苦辣，包藏世态炎凉、人生百味，让人听来思绪万千、联想翩翩。音乐很容易引领学生进入一种情境，感受乐曲开端、发展、高潮和结局，陶醉其中，用心聆听，尽情感受，和作者一起经历、体验，进而摇头晃脑，吟咏哼唱，甚至手舞足蹈，与音乐共鸣，一个个完整的故事就会在学生的脑海里渐渐成型，教师再略加点拨，学生便会文思泉涌，产生写作的强烈冲动。"（参见《语文教学与研究》1997 年第 12 期《依依乐韵，绵绵文思》，笔者的论述与学生习作）这种写作思维整体训练效果颇佳。听了之后让学生说，说了之后再写，听、说、写成为一体，所以"说"的训练就不再赘述了。

构建听读、听写、听说等系列作文思维整体性训练经验，对提高学生作文兴趣与写作能力，对语文教师进行作文教学，都具有重要的指导意义。

（二）作文思维的同步性与"说"的训练经验

这里说的作文思维的同步性，指的是思维与语言的关系。思维与语言（内部语言或者口头语言）同步，但是思维却不与书面语言（文字）同步。这种思维特征与学生的写作训练关系密切，因为，学生作文不是用口语，更不是用心里话，而是要诉诸笔端。要在作文教学中帮助学生实现思维与书面语言的同步，就有必要进行过渡性训练，即"说作文"的训练，于是，构建"说作文"的训练经验就必不可少。

为了论述清楚起见，这里引用一段关于语言文字与思维的关系的论述："人的思维活动与语言同步，却不与文字同步。如果仔细观察和体验就会发现，思维与语言、文字之间在写作中具有如下关系：思维在活动时，离不开语言（可发出声也可不发出声的语言），但是可以离开文字。语言在活动时，思维紧紧伴随（大脑处于休眠状态下的语言例外），但文字活动时，思维可以不活动。这主要是文字的书写需要时间，因而思维不得不产生停顿。这颇有点像飞机与汽车若想同时到达目的地，飞机不得不先停降一样，因此，可以说，语言能够轻而易举地记录下人的完整的思维活动，但文字记录思维的过程却十分艰难。"（引自牛湘坤《略谈中小学作文写作的几个问题》，《中学语文教学》1996 年 12 期）

上述论述与叶圣陶先生多次强调的观点不谋而合，"我们想问题时，必须依傍语言材料才能想，所以思维活动的过程同时就是语言形成的过程"。可见，促进学生写作能力提升，必须要加强思维同步性训练，而促进思维与书面语言同步的最好训练就是"说"，加强"说作文"的训练，但说什么，怎么说，说多久，需要一个体系、体例，这就是"说作文"教学系统经验构建的意义。

再以听读教学为例。

听读教学不仅能提高阅读教学的效率，而且能够促进学生在作文中实现思维与语言的同步。"学生在作文中往往为语言而语言，对'语言是思维的载体'认识不够。为此，我引导学生听读自己的作文或别人的作文，帮助他们认识'我手写我口''我手写我想'。具体做法是：先将自己的文章或优秀范文录音，然后听读录音，在听读中逐步懂得'用自己的语言记录自己的思维'是作文成功的秘诀。而听读别人的文章，则可训练自己的评文能力，辨别文章的优劣得失。听读作文的过程实质上就是听读课文教学的延伸与运用，因此，也可以把它作为听读的一部分。"（引自《课堂阅读教学的心理特征及其对策》，《语文教学与研究》1998 年第 4 期，笔者拙见）

当然，前面讲到的"听音乐作文训练"也是一种很重要的"说作文"训练的雏形。先听后说，说了再写，这本身也是一个小的作文训练经验体系，具体做法有待探索和建构。

新的语文课程标准把口语交际作为学生作文训练的重要内容之一，这就充分体现了"说作文"的意义。在新编人教版初中语文和高中（必修）教材中，都有口语交际的训练内容，它本身也自成体系，却没有与之相适应的配套的"说作文"的教材和成功经验借鉴，不能不说是新编人教版语文教材的缺憾，也是中学语文教师的困惑。

（三）写作思维的连续性与"写"的训练经验

写作思维最重要的特征还是连续性。我们常常讲，写文章要一气呵成、一挥而就，这就是思维连续性的体现。每一篇文章都是一个整体，从开头到结尾，首尾呼应，浑然一体。文中的故事情节具有开端、发展、高潮和结局；阐述的道理具有严密的逻辑性，或多个层面并行，或逐层深入，层层推进；说明的事物由表及里，由现象到本质，由原因到结果，或有时间先后，或有空间位移。这些都具有事物或道理本身的逻辑性，依次展开，逐层深入，这就是思维的连续性。

学生作文训练最关键的还是在写作实践中体现思维的严密性和连续性。作文中无论是形象思维还是逻辑思维，都应该具有内在的逻辑性，而且文思缜密，作文才能思路清楚、条分缕析、脉络分明，才能表现出自己思想的个性和情感的独特，做到新课程标准所要求的"有创意的表达"。

作文思维的连续性，要求在作文教学中构建具有针对性的"写"的系统经验和体例。这种经验和体例包括全篇思维连续性训练、局部思维连续性训练、段落思维连续性训练以及作文片段思维连续性训练等。通过建构这种作文教学经验体系和作文教学体例，增强作文教学思维训练的有序性和科学性，从而提高写作教学的思维训练效果。

具体包括叙事思路、说明思路、说理思路以及文学作品情节的构思，包括句、段、篇、章的思路等作文训练经验和范式。

三、语言认识的三个层次与作文教学经验建构

作文的过程就是人的思维活动通过语言形式得以表达的过程。作文语言的训练对作文教学而言至关重要。思维活动决定语言形式，语言形式又反过来强化思维活动的呈现。对文章语言认识的规律性，要求作文语言教学经验和体例的重构。学生认识语言的规律，大致包括三个层次，每一个语言认识层次，都应该有与之相适应的作文语言训练的系统经验和体例。

（一）语言的形美与美的生活体验

第一层次：关注形美，陶醉文采。

处在这一阶段的读者，往往陶醉于语言文字的华丽，他们在阅读过程中，眼里主要关注语言形式的优美，较少甚至根本没有进入到文章作者的思维轨道上去。他们读完文章后，往往只留下一些片段的或支离破碎的语言文字的印象。像这样的阅读过程，即使背下来再多的文字符号，也是不能领略到文章的底蕴和意味的，更谈不上提高写作水平了。而且，正因为他们在阅读过程中过多注意形式因素，其阅读速度也就相当缓慢。同时，对他们来说，阅读较长的文章就会以"言"害"意"，瞻前不能顾后，顾此继而失彼。即使读完了，对文章的整体观点、思路也会印象模糊，甚至脑海里一片茫然。处于这个阶段的读者，他们觉得语言华美的文章也许就是最优秀的文章了。假如我们的老师和学生对语言的认识仅仅停留在这个层次，那么，其阅读能力和写作能力自然难以提高，作文教学的质量自然也好不了。

学生作文的最初阶段就是这样。这也是学作文的必然经历。引导这一阶段的学生学会用美的语言去表现美的生活，就要处理好语言美与观察美的生活的关系，这正是新课标把"综合性学习"纳入写作范畴的原因。虽然有关观察与表达的作文教程不少，但是以"综合性学习"为主体的语言美与生活美综合体验的作文教学系统经验和体例还有待构建。

具体作文教学经验和训练体例，应该包括在综合性学习中观察生活美、描写生活美、感悟生活美、语言美与生活美同步训练等系统经验和范式。当然，具体的思路可以更加广阔。

（二）语言的神美与情的生活感受

第二层次：形神兼顾，文意皆美。

处在这个阶段的读者，阅读中总是努力将语言和思想（或思维活动）统一起来，达到形神合一的目的，从而得到诉诸视觉的语言形式审美愉悦和理解作者思想感情的快乐感受。但同时，这些读者在理解作者的观点和感情之余，又会发现，作者的语言无论华丽抑或平实，似乎都经过了精心的提炼与加工，显得那样准确、简练和严密。这时，他们就会感到，愈是朴实的语言愈是难写，因为在看似朴实无华的语言中却蕴藏着含蓄的美和情感的震撼力量，闪烁着思想的光芒。当感受到这种平淡中蕴含的神韵，他们又会觉得这种语言美较之于华丽的语言更为鲜活、自然、流畅、清新，仿佛春风拂面般温暖，又如行云流水般令人舒爽。于是，他们不再看重语言文字形式，更不会去过分推敲某一个词句是否优美了。同时，他们的阅读速度随着对语言认识层次的提高而大大加快了，而且对作品的整体观点、思想、情感和结构层次的把握更加准确了，读和写的能力得到了同步提升。只有当学生的思维与语言同步了，他们的写作水平才会得到更快的提高。

"有个性、有创意的表达"的新课程要求，就是适应这一层次语言认识的学生进行作文训练的。在"综合性学习"的写作体验中，引导学生通过切身感受生活中的情趣、情愫、情怀和思想、观念，努力追求准确、恰当的语言表达，从而实现语言与思想的统一和融合，得到文意皆美的审美愉悦。但是，如何实现情感体验与语言形式的统一，需要构建一套系统作文教学经验。在"综合性学习"中，感受什么，怎么感受，如何准确地表达，都应该有作文教学的经验和体例，这就是第二层次作文教学经验重构的意义和目的，也是基本的路径。

（三）语言的魂美与思想生活领悟

第三层次：由神入形，以神驭形。

这是语言认识的最高境界，先入"神"，再悟"形"，以神驭形，体现语言的魂美。在阅读中，眼里只有作者的思想、情感或思维活动的发展，而没有了具体的语言文字，也就是说，不关注语言文字的优美，只在乎字里行间的思想和情感，自己的思想进入作者的思路上去了，和作者的思想同行，或者碰撞，产生火花，引起共鸣。如此一来，阅读速度很快，读后整体印象深刻，作者的观点、思路、结构十分清晰，至于某个或某段具体的语句反而比较模糊了，这是我们阅读文章特别是篇幅较长的作品的正确方法，因为我们阅读的目的，首先在于了解文中的思想观点、说理过程（或叙事经过），而非他的语言技巧。反过来，认识到了作者独到的见解、深刻的思想、细腻的情感，再去探寻它借以承载思想内容的语言技巧，就会发现，文中的语言其实都是作者思想情感的自然流露，甚至觉得字字句句本身就是思想和情感。此时，与其说读者感受到了语言美，不如说是感受到了思想感情的美，而且这种语言，并不是久经斟酌和推敲的语言美，而是由于作者思维严密、见解深刻所带来的一种语言魅力，这时，你只会惊叹作者认识的深入、思想水平的高超和思维的严密。阅读中的这种心理感悟，将会带给你写作态度的变化和对语言认识的变化。写作时，当你的思想认识提高了，思维清晰了，要表达的观点和情感明确了，那么，从你的笔端流露出来的语言，无论平淡抑或华丽，都会给人一种阅读的美感和愉悦。这是任何抄袭的名言警句所无法取代的美。因为，只有自己的语言才是自己的思想的最佳载体。从此，你将不再埋怨词汇贫乏了，只要有思想，就会有语言，这种语言其实就是我们平时所讲的"说话"，正如叶圣陶先生所强调的"作文即写话"一样。达到这一阅读层次的人，其阅读速度和写作速度都是惊人的，读写效果成倍提高。

简单说，这一认识层次的美，其实就是因为思想美、情感美，所以语言自然美，或者说，自己的语言就是最美的语言。这就是高中新课程（必修）"丰富生活经历和情感体验，对自然、社会和人生有自己的感受和思考"的写作要求。要达到这一认识层次，需要进行材料提炼、感悟立意、精准表达等方面的写作思维训练和语言训练，引领学生充分认识深刻的思想、独到的感悟、智慧的观念，是一种思想的生活，是文章魅力的根源所在，从而使学生主动自觉地参与生活体验，深入感悟生活的思想内涵与美感，语言美其实还是次要的东西，有美丽的思想、生活，就有美的语言表达。但基于这一认识的作文教学经验还很零碎，需要系统构建。这种语言认识只是提供了作文经验构建的理论依据和实践思路。

当然，随着新课标的解读在实践中走向深入，将会有更多的写作认识和经验构建路径。但愿本文的一些思考和初步探索，能够抛砖引玉，为新课标下的作文教学注入一些活力。

新思维·新语言·新课型

——新经验语文教学模式探索

所谓"新经验语文教学"，简言之，就是基于一种全新语文理论探索建构的语文教学新模式，是深入推进语文新课改和落实语文核心素养要求的新策略、新思路和新经验。"新经验语文教学"模式包括理论和实践两个部分。理论体系即"三三理论"，第一个"三"是指语文思维的"三重性"，包括整体性、同步性和连续性；第二个"三"是指语言认识的"三层论"，包括形美、神美、魂美。以"三三理论"为依据，以思维能力和语言能力培养为重点，以课堂教学创新为突破，创造性地构建了 12 种语文教学课型，体现了思维能力和语言能力训练的独创性、系统性和实效性，形成了语文课堂教学的新经验体系。

全面阐述"新经验语文教学"理论和实践的专著《新经验语文教学》由云南人民出版社出版。著名语文特级教师李镇西老师认为："新经验语文教学是新课改以来全国语文界诞生的教学改革范例，为广大语文教师提供了有效的实践经验和教学创新路径。"这种立足思维和语言训练的课改思路符合语文教学的本质，抓住了语文核心素养的关键。

在语文新课改推进过程中，语文课堂教学遇到的瓶颈与困惑，其主要原因也在于学生思维能力和语言能力系统训练的缺失，同时，与新课改、核心素养培养相适应的思维能力训练和语言能力训练系统经验也比较匮乏。因此，构建语文教学新经验的理论和实践尤为重要。著名教育家于漪老师认为，语文教学应以语言和思维训练为核心，她说："语文教学的核心是从实际出发，按照教学大纲的要求，对学生进行语言训练，教师在进行语言训练的同时，必须大力发展学生的思维能力。"

"新经验语文教学"以其理论的独创性和课堂教学新经验的体系化，得到了语文界的广泛认同和专家们的高度评价。在全国核心期刊发表系列论文33篇，其中，《语文教学新经验建构的基本策略——基于思维能力训练的阅读教学策略》（《中学语文教学》2016年第2期）等5篇论文被中国人民大学复印资料全文转载。现在，"新经验语文教学"模式已经在7个省份、51所实验校、124个实验班开展推广应用，受到普遍好评。

"新经验语文教学"模式独特的理论价值和实践意义，主要呈现为以下三个特点：

一、新思维：破解语文课改瓶颈

语文新课改实施多年来，课堂教学结构形成了一种相对固定的模式，即"三部曲"：整体感知—问题探究—语言品味。但是，在教学实施过程中，这种模式却遇到了"瓶颈"：整体感知流于形式，问题探究不得要领，语言品味方法单一。出现这些问题的根源并不是新课改理念的错误，也不是这种新型课堂结构本身的缺陷，其主要原因在于学生思维能力较弱，缺乏系统而有效的思维训练，学生难以适应这种课型变化。为此，"新经验语文教学"提出了新的语文思维理论，提出思维的"三重性"，即整体性、同步性和连续性。只有加强学生思维能力培养，才能有效推进新课改下的语文教学，优化课堂教学结构，提升课堂教学效率。

（一）思维的整体性

根据语文思维整体性原理，一篇文章就是一个整体，怎么开头结尾，如何安排详略主次，如何过渡衔接，都有内在的规律和文体特点。叙事文故事情节完整，论述文阐述道理具有严密的逻辑性，说明文介绍事物遵循说明对象自身的顺序。这些事物或道理本身的完整性、规律性和逻辑性，就是文本思维整体性的体现。

因此，无论是作者、读者，还是语文教师，在创作、阅读和教学的过程中，都必须遵循文本思维的整体性特点，这样才能较好地把握文本的思想内涵与价值取向，正确而有效地解读文本。据此，"新经验语文教学"建构了以思维整体性训练为主线的读写教学策略。如听读教学、听写教学等教学策略，有效地训练了学生的整体思维能力，优化了语文课堂教学，使整体感知环节更加流畅，课堂效率得到明显提升。

（二）思维的同步性

语文思维的同步性可以从两个方面去理解。一是思维与语言的同步。人的思维与心理语言（或口头语言）是同步的，但思维与书面语言是不同步的，因为书写需要时间。这种思维特征与学生的写作关系密切，因为学生作文不是用口语或心里话，而是要诉诸笔端。二是读者思维与作者思维的同步。作者创作文本的思维与读者、教师解读思维是有差异的，只有实现二者同步，才能产生共鸣与碰撞，教师才能引导学生（即读者）准确把握文本的思想意义和情感内涵。这正是叶圣陶先生强调的"教师备课要在作者的思路上"的原因所在。

为了帮助学生实现以上两种同步，我们建构了速读教学和口头作文教学等策略，引导学生学会快速阅读，培养口头表达能力，形成比较系统的速读和口头作文的教学思路和新经验，有助于提高文本整体感知、群文阅读和整本书阅读的效率。

（三）思维的连续性

我们常常讲，写文章要一气呵成、一挥而就，这就是思维连续性的体现。每篇优秀的文章都体现出不同文体思维的连贯和严谨。叙事性文章故事情节性强，论述性文章逻辑性强（如并列式、层进式等），说明文介绍事物遵循其自身的顺序（如时间、空间、逻辑等）。这种按照事物（或事理）本身的逻辑性依次展开、环环相扣的行文思路，就是思维的连续性。语文教学要着眼于思维的连续性，培养学生对文本感知和问题探究的能力。我们构建了续写教学和猜读教学等策略，引导学生运用续写和猜读的思路和方法，进行作文思路和阅读理解的系统训练，收到事半功倍的效果。

二、新语言：建构语言训练路径

语言是思维的载体。叶圣陶先生说："我们想问题时，必须依傍语言材料才能想，所以思维活动的过程同时就是语言形成的过程。"但是，人们对语言认识是有不同层次的。我们提出了语言认知的"三层论"，即语言的形美、神美与魂美。探索建构了基于语言三层论的系列阅读和作文训练策略。

（一）语言的形美

所谓语言的形美，就是语言本身的华丽，俗称"优美的词汇和句子"，读来琅琅上口，让读者感受到美景的赏心悦目、情感的催人泪下、论述的气势磅礴，既给人语言文字的美感，又给人阅读内容的愉悦。结合文本语言的形美特征，我们构建了美读教学、美文写作教学策略和系统经验。

（二）语言的神美

语言的神美是指语言本身并不华丽，但是由于它所承载的思想内容或情感，给读者带来美的享受，感受到思想的启迪、情感的震撼、逻辑的力量。这种语言，就是以情感和思想取胜。结合语言神美特点，我们建构了品读教学、抒情文写作教学等策略和经验，有效提升了语文读写教学的效率。

（三）语言的魂美

魂美的语言其实也是最普通的，就像说话一样，所谓大道至简。这种语言与作者的思维高度融合、完美统一，字字句句平朴如话，却含义极丰，完全是因为思想和情感喷涌而流淌的文字，与其说是文字，不如说是思维在流淌。这是"清水出芙蓉，天然去雕饰"的语言境界。我们探索建立了悟读教学和说理文写作教学等策略和经验，引导学生学会阅读篇幅较长的叙事文章（如小说）和长篇论述性文章，特别适合整本书阅读、哲学著作阅读教学指导，对于培养学生思维的严密性具有显著成效。

三、新课型：提供教学创新策略

"新经验语文教学"建构了 12 种课型模式，包括听读教学、速读教学、猜读教学、美读教学、品读教学、悟读教学、听写作文教学、口头作文教学、作文思路训练、美文写作教学、抒情作文教学、说理作文教学等，成为训练学生思维能力和语言能力的课型系统新经验。

"新经验语文教学"模式荣获 2019 广东省教学成果奖一等奖，并代表深圳参加第五届中国教育创新成果公益博览会，在深圳大学开设"新经验语文教学"继续教育课程，为中学语文教师提供学习平台。我们的专家团队还应邀到全国 30 多个地市或学校讲学，受到普遍欢迎。全国中文核心期刊《中学语文教学》《深圳特区报》《深圳晚报》《深圳南方教育时报》等都报道了"新经验语文教学"新模式。

"新经验语文教学"在实践中走向深入，期望更多语文教学同行参与到这一全新语文教学模式的推广应用行列中来，共同开创语文教学新局面。

（本文载《语言文字报》2019 年 7 月 19 日第 2 版）

诗化阅读教学　滋养语文人生

——初中语文诗化阅读教学例谈

摘要： 诗化阅读教学是落实新课改理念、弘扬传统文化的创新之举，有助于优化课堂教学结构，培养学生文学素养。开展诗化阅读教学的主要思路，就是结合课堂教学的各个环节，师生共同创作课文诗，以加深对课文的理解，体现个性化解读的独特表达。诗化阅读的具体做法是，通过课文缩微、融合常识和阅读延伸等方式，引导学生整体把握主旨、认识评价作者以及表达独特感悟，进而提高学生的阅读理解能力和表达能力。

关键词： 诗化阅读　语文教学　创意表达

所谓课堂诗化阅读教学，就是按照新课程标准倡导的自主、合作、探究的学习方式，结合课堂阅读教学环节，引导学生用诗歌的形式来表达自己的独特理解和感悟。一方面深化了对文本内容的解读和感悟，另一方面培养了学生学习写作诗歌的基本技能，把文本学习与诗歌写作融为一体，逐步培养学生据文作诗、以诗解文的能力，提高学生的文学素养，熏陶学生，滋养诗意人生。同时，课堂教学结构也因此得到优化，语文课堂充满文学色彩，洋溢传统文化气息，更好地落实新课改理念。

诗化阅读教学的基本思路是，以缩微法整体感知课文，提炼要点成诗；以概括法综合各种知识，归纳整合作诗；以引申法拓展课文阅读，内外结合写诗；以点缀法创新作文练习，点亮首尾赋诗。在具体诗化阅读训练中，由于诗歌种类较多，且各具特点，根据学生在小学阶段所学诗歌基础，学生积累了一定数量的绝句和律诗，为了便于教学和学生练习，重点引导学生学习运用律诗和绝句写作课文诗。正所谓："课文诗作有讲究，善读文本找入口。多维提炼出精华，巧雕细酌诗句秀。"

一、课文缩微，提纲挈领诗化主旨

散文缩微成诗，不是创举，古已有之。人教版八年级下册《醉翁亭记》课后提到，该文曾被文学家黄庭坚缩微成一首词《瑞鹤仙·环滁皆山也》：

"环滁皆山也。望蔚然深秀，琅琊山也。山行六七里，有翼然泉上，醉翁亭也。翁之乐也。得之心，寓之酒也。更野芳佳木，风高日出，景无穷也。游也。山肴野蔌，酒冽泉香，沸觥筹也。太守醉也。喧哗众宾欢也。况宴酣之乐，非丝非竹，太守乐其乐也。问当时，太守为谁，醉翁是也。"

这首词不仅概括了原文的主要内容，而且读来朗朗上口，堪称缩微词的经典。正所谓：浓缩的都是精华。可见，将散文缩微成诗，是大有可为的，特别是在整体感知文本、作者认识与评价、拓展阅读与感悟等环节，不失为有效手段。

具体缩微方法，要根据课文文体特点，提纲挈领，概括提炼，初步写出课文的内容提要，尽量做到简明扼要，字数控制在 100 字左右，形成一篇课文缩微短文。针对不同文体，各有侧重。叙述类文本重点把握情节和主题思想，说明类文本关键是抓住说明对象的特征、说明顺序和方法，议论性文本则侧重紧扣议论的三要素和论证方法。在此基础上，引导学生根据缩微短文，形成四句或八句诗，再结合诗歌要求进行炼字、炼句。对于学生诗歌的要求可以适当放宽，不必强求格律，只要整齐对称、基本押韵即可。练习得多了，日积月累，学生对文本的理解逐渐走向深入，对文本要点的把握渐趋准确，诗歌写作的技巧也得到了有效训练。特别是学生的文学素养在潜移默化中得到熏染和提升，语文综合素质自然就提高了。

课文缩微成诗，可以关注全文情节，也可以注重局部内容，还可以根据阅读任务导向。从具体阅读目标出发，对文本进行缩微，是写作缩微课文诗的重要方法。（下文所举课文均选自新编人教版教材）

（一）着眼全局，整体缩微成诗

以七年级上册《雨的四季》一文为例。它是一篇写景抒情的散文，作者深情赞美了雨的美丽，抒发了对雨的爱恋之情。只要引导学生抓住时间顺序和不同季节雨的特点，先浓缩原文，再凝练成课文诗即可：

"春雨美丽胜娇娘，夏雨热烈而粗犷。端庄沉静属秋雨，冬天之雨化了妆。"

诗中所有字词句均出自课文，结构与课文大体一致。抓住了一年四季的时间顺序，雨的特点鲜明突出。这种整体感知与写作的融合，收效明显。

又如七年级上册记叙散文《咏雪》一文，写的是家庭聚会，谢太傅讲论文艺，其主要内容是子侄辈对白雪的描写。根据情节的整体缩微，写作课文诗：

"风雅谢太傅，寒雪日内集。儿女论文义：白雪何所比？撒盐差可拟，柳絮因风起。大兄无奕女，王凝之贤妻。"

本诗呈现了文本的故事概略，情节完整，重点突出，也便于学生朗读、理解和背诵，不失为整体感知的课文诗佳作。关注情节，把握线索，整体缩微，再现原文全貌，学生佳作不断。

再以八年级上册散文《三峡》和《记承天寺夜游》的课文诗为例：

"三峡百里长，连山无阳光。夏日江水涨，烈马御风忙。春冬水波荡，草木趣味长。林寒秋瑟瑟，猿啸泪沾裳。"

"夜游承天寺，苏轼、张怀民。月色入门户，竹影舞中庭。积水空明处，交横竹柏影。有月和竹柏，何妨为'闲人'?"

这两首课文诗基本上与原文思路一致。《三峡》抓住时间顺序，呈现景物的不同特点，形象生动。《记承天诗夜游》抓住记叙文的要素，把时间、地点、人物和事件交代得很清楚，都是整体感知与写作课文诗相结合的范例。

（二）感悟引领，定向缩微成诗

就是根据阅读文本所得到的体会和感悟来确定缩微的内容，对文本进行大胆取舍，哪里有触动、有感悟，就选取相关内容进行缩微写诗训练。不求诗歌内容全面完整，但求体现学生阅读的独特体验和个性化理解。或关乎情节，或注重人物，或针对细节，或彰显技巧，追求局部的精彩，这是定向缩微写诗的基本思路。

比如《咏雪》的另一首课文诗：

"白雪纷纷何所似？撒盐空中差可拟。若论诗意要更浓，未若柳絮因风起。"

起句点出描写对象，继而比较两种对白雪的比喻谁更具有诗意。虽仅仅四句诗，情节也并不完整，但抓住了情节的重要部分，突出了文本最核心、最精彩的内涵。

很显然，以呈现阅读体验和感悟为追求的缩微课文诗，关键是要结合阅读感受，精选文本中有关内容，定向缩微，不必苛求面面俱到，只要能彰显阅读感受和体悟即可。

再以七年级上册朱自清的散文《春》课文诗写作为例。该文由"盼春""绘春""赞春"三部分组成，但最精彩的、能触动心灵的是"绘春"部分。它描绘了春草、春花、春风、春雨和迎春五幅画面，要在短短四句诗里体现出来，只能点到为止，力求突出其总体特点：

"东方风来满眼春，妙笔生花朱自清。春草春花春风雨，如诗如画动人心。"

诗歌以"满眼春"总括内容，凸显了春草、春风、春花、春雨等景物如诗如画的共同特点，而"动人心"则暗含"迎春"场景，也抒发了作者对春的热爱和赞美。内容与情感融为一体，"绘春"惟妙惟肖，至为精彩，体现了阅读的愉悦和美好。

（三）主旨导向，重点缩微成诗

根据阅读文本的主旨，选取重点内容，以点带面，进行缩微写诗训练。叙事则突出思想感情，写人则彰显人物品质。比如以下两首课文诗，为了突出文本主题，紧紧扣住重点内容缩微成诗。

七年级上册的散文《从百草园到三味书屋》课文诗：

"鲁迅被誉'民族魂'，百草园里有童真。三味书屋无严师，自得其乐是风景。"

将百草园与三味书屋的对比提炼出来，高度概括了文本的内核：表达对百草园的喜爱和对封建教育束缚儿童天性的不满。这是凸显思想感情的重点缩微形态。

八年级上册的散文《藤野先生》课文诗：

"藤野好先生，治学很严谨。正直又热诚，朴实还重情。鲁迅'民族魂'，求学很认真。唤醒我精神，弃医后从文。"

本诗重点突出藤野先生的品质：治学严谨，正直热诚，朴实重情。又突出了鲁迅先生弃医从文的目的，就是要寻找救国救民的道路。这是基于人物思想品质的重点缩微形式。

又如八年级上册的散文《列夫托尔斯泰》课文诗：

"托尔斯泰相貌平，藏污纳垢难看清。茂密须发乱蓬蓬，来往宾客总吃惊。天才灵魂居陋所，犀利眼神透人心。善于观察看本质，支配知识叙感情。"

这篇课文的重点就是描写托尔斯泰丑陋的外貌，表现其深刻的思想和超凡脱俗的才华，在对比中突出托尔斯泰的形象。学生抓住主人公外貌和心灵的对比，使人物形象跃然纸上。这是主题与技巧融合的重点缩微样态。

课文缩微作诗，无论是整体缩微、定向缩微，还是重点缩微，都少不了语文教师的点拨与修改，尤其是学生刚开始练习读写结合的时候，更要反复修改和锤炼，日臻完善。

二、常识融合，关注作者诗化要点

语文阅读教学不仅要关注文本本身的内容，更要结合作者的身世经历、思想情感、时代背景等因素，这样才能实现读者思维与作者思维的同步，让学生的思想情感与作者产生共鸣，从而更加准确地理解文本的思想内涵。同时，为了引导学生进行个性化阅读理解，还要结合学生自己的生活经历和体验，从阅读中获得独特感悟，并进行个性化表达。为此，阅读教学需要把文学常识、文体知识、文本内容、时代特征等多种因素融合起来。这也是新课改理念的要求。因此，引导学生从关注作者与内容感悟等多个角度练习写作课文诗，以加深对文本的解读，获得个性化的独特感悟。

（一）评价作者，诗化认知

主要是结合作者、作品等文学常识的学习，对作者进行认知评价，并以课文诗的形式加以表达，既积累了必要的文学常识，又借以辅助对课文的阅读理解。

以七年级上册《〈论语〉十二章》课文诗写作为例：

"圣贤孔子创儒宗，名言警句记心中。辑成《论语》成经典，人生道理万人崇。"

"儒学鼻祖孔仲尼，己所不欲勿施于人。有教无类因材教，伟大精神因有'仁'。"

"孔子弟子编《论语》，伟大儒家创始人。儒家经典好著作，四书并列无不闻。"

这三首诗重点突出孔子是儒家学派的创始人，记录孔子及其弟子言行的著作是《论语》，而且《论语》是"四书"经典之首，也强调了孔子儒家学说的核心思想是"仁"。这种评价式课文诗，是文学常识积累和理解课文的重要思路。

（二）联系作者，感悟文本

把作者的人生经历、思想品质与阅读文本结合起来理解，突出文本中的一个侧面，并据以作诗，既能帮助学生了解作者，又能把握文本思想要点。

以七年级文言文《狼》和《卖油翁》的课文诗写作为例：

《狼》课文诗：

"聊斋先生蒲松龄，文言小说入三分。狼之变诈几何哉，自始至终不敌人。"

《卖油翁》课文诗：

"六一居士欧阳修，《归田录》中趣如涛。善射自矜人人知，手熟之理浑不晓。强中自有强中手，一山更比一山高。酌油之事告诫之：做事精熟能生巧。"

这两首诗先联系作者，突出作者的别号或作品出处，再扣住文本内容要点，揭示课文中心，实现从作者、作品到文本的综合解读和宏观把握。这也是创作课文诗的一种思路。

虽然这些学生课文诗习作并不严格符合格律，尚显稚嫩，但从内容上看，自取角度，各有所得。把作者、作品与有关背景资料结合起来解读，从学习阅读的角度来看，难能可贵，也较好地激发了学生阅读和写作课文诗的兴趣，滋养了学生的文学人生。

三、阅读延伸，内外结合诗化感悟

语文学习的宽度，就是生活的广度。要培养学生的阅读能力，滋养学生的文学人生，就要进行拓展阅读。在课文阅读教学的基础上，引领学生延伸阅读。通过课文内容、作者的思想感情以及与课文相关的内容，实现内外结合阅读，重点感悟人生，体会哲理，生发开去，并据以作诗。如此一来，课文诗既源于文本，又高于文本，较好地拓展了学生的学习视野，有利于学生获得独特理解和个性化表达。

以延伸阅读为主的课文诗写作，并不拘泥于课文，而是抓住某一点感触颇深的内容，生发开去，重点抒写阅读后的情感体验和人生领悟。因此，这种课文诗的内容只在一个点上与文本相联系，或者只是基于文本情感基调的挥洒和拓展。

以七年级上册的散文《秋天的怀念》课文诗写作为例。残疾作家史铁生，通过描写生活中的细节，在平静的叙述中，表达对亲情的感动和珍惜，对母爱的感激和铭记。学生扣住母爱和报答，创作了课文诗：

"旦夕祸福惹人伤，母爱如水断人肠。子欲养而亲不待，莫待来年菊花黄。"

这首诗基本脱离文本具体内容，但紧扣母爱、感恩的情感基调，抒发了阅读的感悟和情感体验，也不失为优秀的课文诗作。

又例如七年级上册的文言文《诫子书》课文诗：

"千古智绝诸葛亮，青史留名《诫子书》。淡泊明志分三国，宁静致远后人服。"

学生摒弃了文本的具体内容，而是从评价诸葛亮和《诫子书》着手，只突出"淡泊明志"和"宁静致远"两点，抒写个人感受，突出诸葛亮的形象和文本的思想教育意义。这种课文内外联系，也是延伸阅读和课文诗写作的思路之一。

再比如《纪念白求恩》课文诗：

"万里迢迢赴东方，精湛医术放光芒。出生入死救伤病，国际情谊天地长。"

课文是叙议结合的文章，赞美了白求恩的诸多优秀品质和崇高精神。学生并没有从文本具体内容出发，而是基于白求恩的精湛医术和国际情谊，抒写了个人的评价和感受。这也是对文本解读的延伸和拓展。同样的课文诗作如纪晓岚的《河中石兽》课文诗：

"铁齿铜牙纪晓岚，笔记传闻鬼怪谈。石兽没于河水中，不可臆断需查勘。"

习作重点评价纪晓岚和他的笔记小说，文本内容只抓住基本事件和核心思想。内外结合，诗化感悟。

这些学生习作的共同点，就是都注重对课文的延伸和拓展，或赞扬人物品格，或感悟人生哲理，或抒发个性感触。既与原文相关联，又关注文本以外的内容，对文本进行合理延伸，拓宽了学生的阅读视野，真正起到了培养阅读情趣、滋养诗意人生的作用。

当然，开展诗化阅读教学的思路很多，有待进一步探索和实践。我们将以此为起点，不断创新语文阅读教学，开发新的课程资源，弘扬传统文化，培养学生文学素养，滋养学生充满诗意的语文人生。

（本文所引用课文诗系作者与深圳翠园中学蒋启进老师及其学生共同创作）

参考文献

［1］杨祥明：《新经验语文教学》，云南人民出版社，2018 年版。

［2］杨祥明：《语文教学的艺术》，深圳海天出版社，2017 年版。

［3］杨祥明：《语文思维训练与教学创新设计》，《中小学教材教学》，2018 年第 6 期。

［4］杨祥明：《新思维、新语言、新课型》，《语言文字报》，2019 年 7 月 19 日。

［5］杨祥明《课堂阅读教学的心理特征及其对策》，《语文教学与研究》，1998 年第 4 期。

［6］杨祥明《语言认识的三个层次及语文教学改革》，《山东教育》，1997 年第 14－16 期。

［7］杨祥明：《阅读教学的尴尬与突破》，《中学语文教学参考》，2013 年第 7 期。

［8］杨祥明《语文教学新经验建构的基本策略》，《中学语文教学》，2016 年第 2 期。

［9］杨祥明《基于思维训练的作文教学策略》，《中学语文教学》，2013 年第 8 期。

［10］杨祥明《基于语言能力训练的阅读教学策略》，《中学语文教学》，2016 年第 8 期。

［11］叶圣陶《叶圣陶语文教育论集》，教育科学出版社，1980 年版。

［12］张志公：《语文教学论集》，福建教育出版社，1985 年版。

［13］牛湘坤：《略谈中小学作文写作的几个问题》，《中学语文教学》，1996 年第 12 期。

［14］钱梦龙：《我和语文导读法》，人民教育出版社，2005 年版。

［15］冯丽虹：《浅谈发散思维》，《陕西财经大学学报》，2002 年第 2 期。

［16］李加义：《我国批判性思维研究综述》，《唐山师范学院学报》，2014 年 11 月。

［17］黄超男：《简述批判性思维》，《青年时代》，2018 年第 6 期。